Copyright© 2017 by Literare Books International
Todos os direitos desta edição são reservados
à Literare Books.

Presidente:
Mauricio Sita

Capa, diagramação e projeto gráfico:
David Guimarães

Revisão artística:
Edilson Menezes

Diretora de Operações:
Alessandra Ksenhuck

Diretora Executiva:
Julyana Rosa

Relacionamento com o cliente:
Claudia Pires

Impressão:
Rotermund

```
Dados Internacionais de Catalogação na Publicação (CIP)
          (Câmara Brasileira do Livro, SP, Brasil)

   Ogata, Massaru
       É isso! : 21 revelações dos fundamentos para
   tornar a vida mais valorosa na saúde física,
   familiar, social, emocional, profissional e
   financeira / Massaru Ogata. -- São Paulo :
   Literare Books International, 2017.

       ISBN: 978-85-9455-027-9

       1. Comportamento humano 2. Comportamento
   organizacional 3. Conduta de vida 4. Desenvolvimento
   pessoal 5. Desenvolvimento profissional 6. Felicidade
   7. Negócios 8. Sucesso I. Título.

   17-04602                              CDD-650.1
```

Índices para catálogo sistemático:

1. Desenvolvimento pessoal e profissional :
   Administração   650.1

Literare Books International Ltda

Rua Antônio Augusto Covello, 472 – Vila Mariana – São Paulo, SP

CEP 01550-060

Fone/fax: (0**11) 2659-0968

site: www.literarebooks.com.br

e-mail: contato@literarebooks.com.br

Massaru Ogata, Prof.
É ISSO!
21 revelações dos fundamentos para tornar a vida mais valorosa na saúde física, familiar, social, emocional, profissional e financeira.

Revisão artística e participação especial:
Edilson Menezes

AGRADECIMENTOS

A minha esposa Lucia, por sua paciência, resiliência e amor, pois sem estes poderosos elementos, ela não teria suportado mais de trinta anos que dediquei à vida de treinador comportamental, viajando a todo instante pelo país e muitas vezes para fora do Brasil. Minha missão de vida contou com o privilégio de ter você como principal apoiadora e esta obra também tem o seu DNA. Foram muitas conversas, apoio constante e incondicional que tive por todo este tempo. Obrigado, amor!

Aos meus filhos, milagres em minha vida, que me ensinaram quão bela é a relação entre pais e filhos. Vocês compartilham comigo sua jovialidade, carisma e ousadia todos os dias. Além disso, representam o maior tesouro que a vida me reservou!

A cada um dos Alphas e treinadores comportamentais que formamos através dos programas Conexão Alpha e IFT. Não sei dizer quantas vidas seriam necessárias para eu retribuir tanto carinho e amizade. Não destaquei nenhum dos amigos em especial, porque todos são especiais e pude sempre tê-los em meu coração.

Aos inúmeros mestres e autoridades que passaram por minha vida e inspiraram o meu trabalho e que aqui cito alguns: Pauline Yen Ho, Katsumasa Isobe, Luiz Machado, Ken Blanchard, Richard Bandler, John Grinder, Milton Erickson e Daniel Godri, uma das mais respeitáveis autoridades brasileiras no campo de palestras motivacionais, que emprestou sua intelectualidade e gentilmente prefaciou a obra.

Aos profissionais da Johnson & Johnson, que acreditaram em meu trabalho e se tornaram o primeiro cliente da minha consultoria de treinamentos.

Aos clientes, amigos, parceiros, aliados e fornecedores que o universo dos treinamentos comportamentais me permitiu conhecer.

E finalmente, agradeço a vocês, leitores, por seu carinho e companhia. Se me permitem uma analogia sobre a obra É ISSO! – ela é como um veículo que vai viajar uma distância de 21km por 21 dias, sem a menor pressa, apreciando as paisagens, sons e sensações que seu inconsciente sentir despertos. Esta é a minha dica final. Se lhe parecer coerente, leia um capítulo por dia. Todas as pessoas que leram a obra com esta estratégia, antes da publicação, me deram o seguinte *feedback*:

"Professor, foram 21 dias de reflexões e já estou sentindo as mudanças".

Espero que consiga, assim como essas pessoas, promover as mudanças que considera importantes para sua vida. Não quero ter a pretensão de dizer que a obra é um divisor de águas, mas seguramente posso afirmar que não me economizei e dispus tudo que conheci em minha vida, com o único propósito que me guia:

Que VOCÊ possa fazer a diferença neste mundo!

PREFÁCIO

Massaru Ogata tem o que todo profissional gostaria de ter: um perfeito equilíbrio no uso do cérebro, ou seja, uma perfeita harmonia nas atividades que envolvem o lado emocional e o lado racional.

É ISSO! Massaru Ogata sabe como ninguém aliar a razão à emoção. Neste livro, ele abre o coração e nos conduz pelas belas experiências de vida, experiências estas que viveu na família, no trabalho, com os amigos, enfim, nos faz lembrar que todos nós aprendemos as melhores lições na escola da vida, na prática e nos acontecimentos do dia a dia.

Tive o privilégio de conhecer Massaru Ogata em um evento, onde palestramos um após o outro e, sem que um soubesse o que o outro falaria, percebemos que nossos assuntos se complementavam como se fôssemos uma dupla de muitos e muitos anos de convivência.

Sem ele saber, ajudou a confirmar a hipótese que defendo no livro que escrevi há algum tempo, cujo título é *"Na escola da vida até meu professor aprendeu"*.

É ISSO! A vida é a nossa melhor escola e nela temos que primeiro fazer a lição para depois aprender o significado do que foi feito.

Claro que aprendi muito mais com ele do que ele comigo, afinal Massaru Ogata tem consigo o lado racional dos povos vindos do país do sol nascente e também tem o lado emocional e criativo de quem vive no Brasil, este país de tantos povos e culturas.

Este livro vai tocar seu coração e sua mente. Vai ajudá-lo a lembrar que você nasceu para ser feliz e para chegar ao topo.

É ISSO! BUSQUE O TOPO, é lá que todos nós deveremos nos encontrar!

Daniel Godri
Palestrante motivacional e escritor
Autor dos livros
Conquistar e manter clientes
e *Sou alguém muito especial*
Autor de mais de 50 vídeos de treinamento
www.godri.com.br
daniel@godri.com.br

Sumário

Capítulo 1......p. 11 — Como investigar o poder da intuição

Capítulo 2......p. 19 — O coração no mundo dos negócios

Capítulo 3......p. 27 — O poder da mente como ferramenta para vencer

Capítulo 4......p. 37 — Romantismo e cavalheirismo: estão fora de moda ou a própria moda lhes tomou o lugar?

Capítulo 5......p. 47 — Quem é Alpha no ambiente corporativo

Capítulo 6......p. 55 — Procrastinar pode ser saudável

Capítulo 7......p. 63 — Sonhos possíveis e devaneios - Como discernir

Capítulo 8......p. 71 — E um dia, eu finalmente aprendi...

Capítulo 9......p. 81 — O sucesso é como os discos antigos: tem lado "B"

Capítulo 10.....p. 91 — O medo e o alfabeto das mudanças

Capítulo 11.....p. 101 — O futuro e a evolução da consciência

Capítulo 12.....p. 111 — Consumidores enganados x empresários "espertos" = paraplegia da sociedade

Capítulo 13......p. 121 — Conexão Alpha – Mais de 20 anos de história

Capítulo 14.....p. 129 — Carreguem livros

Capítulo 15.....p. 139 — A resiliência como alimento diário

Capítulo 16.....p. 147 — Felicidade depende de dinheiro?

Capítulo 17.....p 155 — A felicidade mensurável e suas fronteiras

Capítulo 18.....p 163 — A célebre arte da dedicação

Capítulo 19......p. 171 — O melhor amigo do homem é o próprio ou o seu cão?

Capítulo 20.....p. 179 — A tecnologia escraviza ou liberta?

Capítulo 21......p. 187 — Mãe e pai: os mais impactantes relacionamentos

Capítulo 1

COMO INVESTIGAR O PODER DA INTUIÇÃO

Prof. Massaru Ogata

Perdi meu filho Maurício vitimado por meningite, pouco antes de completar um ano de idade.

Com a perda, aprendi que a intuição pode salvar uma vida.

Fomos educados a pensar que devemos ser humildes e jamais supor que temos algum poder como este. Por isso, a proposta do primeiro capítulo é apresentar um novo pensamento sobre o nosso poder intuitivo, e quero compartilhar este momento de minha vida com o público que me acompanha, pois são poucos que sabem.

Antes que o véu da noite se descortinasse, algo dentro de mim já previa algo de errado com meu filho. Na época, como era péssimo ouvinte da própria intuição, afastei rapidamente tais pensamentos, pensando tratar-se dos truques de distração da mente.

Naquela ocasião, minha esposa viajaria até Paranavaí, interior do estado do Paraná. No dia que antecedeu a viagem, na creche onde ficava, a criança teve uma febre insistente. Levamos Maurício ao médico e, após examiná-lo, o profissional nos tranquilizou, afirmou que não encontrara sinais preocupantes. Voltamos para casa com a criança "medicada".

Com o cair da tarde, a febre ainda não cessara. Fomos novamen-

É Isso!

te ao hospital. Desta vez, outro médico nos atendeu. Este segundo profissional também nos disse que bastava continuar com os medicamentos e que, bem abrigada, a criança poderia viajar sem nenhum problema ou risco. Com o medicamento, a febre cedeu e ficamos mais tranquilos.

Algumas horas mais tarde, a caminho da rodoviária, perdemos o ônibus e eu pensei:

Eu sei o caminho que o veículo faz. Posso interceptá-lo na rodovia.

Foi o que fiz. Acelerei nosso veículo até encontrar o ônibus na estrada. Sinalizei insistentemente, até que o motorista parou no acostamento. Eu mostrei a passagem, expliquei que perdemos o horário na rodoviária e solicitei a compreensão dele no sentido de deixar minha esposa e meus dois filhos adentrarem para seguir viagem.

Muito solícito, o motorista concordou, guardou os pertences no bagageiro e os recebeu. Eu me despedi e, mesmo descrente sobre a "voz inconsciente", coloquei a criança no colo de minha esposa Lucia e disse:

— Cuide muito bem do Maurício. Estou com um pressentimento ruim!

Seguiram viagem. Durante o trajeto, a criança cujo comportamento era calmo e quase não chorava, desatou a gritar em choro convulsivo. Assim que chegaram a Paranavaí, minha esposa foi correndo ao hospital local, e submeteu Maurício aos cuidados de um conhecido médico da família. Ele simplesmente olhou para a criança e do alto de sua experiência, honrando seu juramento de salvar vidas, deu a ordem.

— Quero esta criança internada na UTI imediatamente. Ela está com meningite!

Meu filho recebeu todos os cuidados devidos e foi atendido por profissionais dotados de muita experiência com a doença, mas o fato é que, diversas horas atrás, o erro dos médicos anteriores, por não realizarem um teste para meningite tão comum, fora determinante para o estado da criança e nada mais se fazia possível.

Meu filho partiu, e um misto de sentimentos variou entre frustração, tristeza, impotência e, é claro, também sentimos um pouco de raiva e indignação em relação aos profissionais que poderiam tê-lo diagnosticado mais cedo.

Como toda dor, esta também passou e fechamos nossas feridas

Prof. Massaru Ogata

mortais. Em lugar de raiva e incompreensão, restaram cicatrizes. Onde existia sentimento de culpa, sobrou resiliência e compreensão de que os eventos se sucederam além de nossa vontade. Onde remanescia tristeza e impotência, imperou a prazerosa saudade conformada.

Ficou também a certeza de que somos tão pequenos diante das decisões sobre vida e morte, que por fim nos coube entender a curta vida de nosso filho, perdoar os erros dos médicos e continuar.

E agora, respirando profundamente, fico grato por compartilhar essa triste página da vida íntima com você que acompanha meu material literário. Nada acontece por acaso. A inteligência emocional caprichosamente esconde seus recursos da medicina. Ainda não é possível mensurar com assertividade absoluta o quão capazes somos de prever situações de perigo iminente.

Repare na evolução proposta por Darwin. Os espécimes, cada um à sua maneira, se adaptaram ao habitat. Uma mudança na direção do vento pode denunciar a aproximação do predador e os animais dotados de tal capacidade farejadora aprenderam a controlar esse recurso, evoluindo o faro de suas gerações anteriores para uma poderosa arma química de proteção. E se nós, humanos, também fomos presenteados pela natureza com um "esconderijo neurológico" onde se registram as intuições?

Citei o exemplo de uma situação triste em minha vida, onde uma parte de meu cérebro foi perfeita em "avisar" a iminência de perigo e a outra descartou a informação, partindo do pressuposto de que talvez fosse uma breve visão pessimista ou quem sabe um pequeno peso na consciência pela impossibilidade de viajar com eles.

Traduzindo esse lamentável ocorrido para uma situação cotidiana muito possível, quantas vezes, por exemplo, nossos sentidos sugerem que mudemos imediatamente este ou aquele comportamento e, vitimados pela própria voz de boicote, os ignoramos?

Quantas vezes ouvimos nossa intuição alertar que deveríamos deixar aquele emprego?

Dentre estas tantas ocasiões, silenciamos a voz intuitiva em prol da lógica que é palpável, com a qual já nos identificamos. Para você que trabalha com vendas, quantas vezes sentiu a intuição dizer - "faça contato com o cliente X, ele precisa de você", – mas ignorou a intui-

É Isso!

ção e uma semana depois, o próprio cliente telefonou, dizendo que fechou um grande negócio e não conseguiu falar contigo, para que participasse do processo de compra? Quantas vezes ouviu a intuição dizer que deveria abordar o cliente Y, com quem há muito não falava e ao fazê-lo, acabou por fechar uma bela operação de venda?

Presumo que o cérebro humano tenha um poder de sincronicidade tão grande, que a ciência vai descobri-lo em totalidade no século XXII, quando possivelmente viveremos uma revolução no pensamento tão intensa, que servirá como referência de data, talvez algo como A.I. x D.I. (antes e depois da intuição).

Acredito que nosso cérebro seja capaz (venho praticando isso ao longo dos anos) de calcular se a visão intuitiva tem algum sentido ou se é apenas um dos muitos delírios que passam diante deste nosso intrigante órgão.

E por que não apontar para uma possibilidade também nada remota, no sentido de que já estamos aprendendo a usar o recurso intuitivo, sob alguns aspectos?

Pode ser que as pessoas estejam chamando de sorte um sentido natural evolutivo, passível de cálculos próximos da precisão. Por exemplo:

Quando a pessoa ouve a intuição e a classifica como sorte ou azar, o cérebro talvez entenda que ela não gostaria de "tratar" este recurso e desta forma, o mantém oculto até que a pessoa esteja "pronta" para lidar com tão poderosa ferramenta. Não se trata de futurologia, mas de situações que possam ser previstas pela porção inconsciente do cérebro e ignoradas pela porção consciente, dada a maneira como o programamos para acreditar no intangível.

Cada ser humano já experimentou alguma situação em que agiu por puro impulso, talvez até contra o que acreditava e no final, pasmou-se com o resultado que deu certo. Aposto que isso já aconteceu com você nos campos amor, trabalho, lazer, cultura, família e finanças.

- **Amor** – você conhece pessoas que iniciaram relacionamentos com alguém de perfil absolutamente oposto, "arriscaram" e descobriram o amor? Eu conheço dúzias. E se o cérebro desta pessoa, em reconhecimento olfativo, visual e auditivo, soube identificar o amor imediatamente? O cérebro é capaz de analisar uma situação de fora, por instinto, a despeito do sistema de crenças, que julga pela razão,

Prof. Massaru Ogata

como se os candidatos ao amor fossem candidatos a um emprego.

• **Trabalho** – conhece alguém em seu trabalho que costuma destratar as pessoas novas na empresa ou no projeto e pouco tempo depois, passada a fase do julgamento, se tornam amicíssimas daquelas? E se o cérebro for capaz, pelo bem de nossa evolução intelectual e social, de quebrar os protocolos de julgamento? Quando uma situação assim acontece, há quem diga:

— No começo, a detestava e, quando percebi, já éramos grandes amigas!

Talvez as questões intuitivas operem no sentido de baixar a guarda, para que não venhamos a perder pessoas importantes por conta de julgamentos injustos.

• **Lazer** – Quem nunca passou por isso? Você pretendia viajar para a praia e começa a dar tudo errado. O carro pede manutenção na véspera da viagem, o tempo fecha, um resfriado surge e ainda assim, você se mantém firme na decisão. De repente, "algo" lhe faz mudar os planos e você desiste. Depois, fica sabendo que houve um acidente na estrada e a fila para a descida ao litoral tornou-se quilométrica. Quem garante que a intuição não salvou sua vida e a dos seus?

• **Cultura** – Preste atenção aos filmes, livros e espetáculos. A intuição é determinante para apontar quais são bons, além da suposta definição pré-definida do que é "bom". Por exemplo: você pode não gostar do gênero romance e a intuição sugere que determinado filme merece sua atenção. Você flexibiliza, assiste e o conteúdo muda sua vida. Sem perceber a excelência intuitiva do cérebro, talvez se veja a racionalizar o que aconteceu e diga:

— Nossa, eu não gosto de romance. Porém, desta vez dei muita sorte. Que filme!

• **Família** – Algumas pessoas já experimentaram a vontade intuitiva de visitar um parente e deixaram para depois. Não tiveram a oportunidade de fazê-lo. O parente faleceu naquele final de semana. Outras resolveram atender a intuição, partiram para a visita-surpresa e chegando lá, escutaram uma frase comum.

— Que engraçado, eu estava falando em você neste momento!

Se acreditasse na intuição, quem sabe o visitante pensasse que estavam neurologicamente conectados. Em vez disso, tende a responder:

É Isso!

— Ah, que bom, então eu não morro mais!

Talvez, nem mesmo durante o século XXII a medicina tenha êxito para oferecer respostas neste caminho. Penso que cérebros familiares consigam conectar-se de forma extrassensorial. Ao futuro, caberá dizer "como". Enquanto isso não acontece, sugiro "calcular", entender e atender a intuição, que não costuma falhar.

- **Finanças** – Quando ouvir a voz intuitiva pedindo que não troque de carro, que segure os gastos por determinado período ou poupe dinheiro, coloque o hemisfério esquerdo de seu cérebro para entender o que há por trás da intuição, gerada no hemisfério direito. A troca do carro preenche critérios como felicidade e conforto, mas fazê-lo em momento inoportuno pode gerar perdas financeiras consideráveis e a intuição sabe disso, só não consegue detalhar, pois isso depende de uma união entre intuição e lógica. Ambas estão aí, dentro de você, aguardando que as utilize com equilíbrio. O mesmo vale para segurar os gastos e poupar dinheiro. A intuição pode ter identificado a aproximação de um desemprego ou uma queda nos negócios. Se isso acontecer, confie, acolha e investigue o que seu poder intuitivo reserva. Pode ser a diferença entre ter êxito nos negócios ou ser mais uma vítima do endividamento que assola o país desde Cabral.

Além de crucial, o processo criativo, muitas vezes negligenciado, caminha de mãos dadas com a intuição. Sempre que esta segunda nos presenteia com alguma dica preciosa, automaticamente o cérebro se prepara para criar. Precisamos entender que isso é um processo, de modo que ao abrir mão do poder intuitivo, um preço será pago:

Se o cérebro entende que você não quer trabalhar as intuições, ele também não vê motivos para ajudar no processo criativo que possa atender estas demandas intuitivas.

Não seria esta a razão pela qual algumas pessoas têm dificuldade de criar, amar, escrever, inovar e ousar?

Think about it!

É isso!

Capítulo 2

O CORAÇÃO NO MUNDO DOS NEGÓCIOS

Prof. Massaru Ogata

Certo dia, durante o intervalo de um belo evento do professor Stephen Paul Adler, um jornalista indagou por que eu, também especialista na área de hipnose, estava ali. Respondi o óbvio.

— Treinadores comportamentais não podem, jamais, parar de receber informação externa e reciclar-se com outros profissionais, assim como o ciclista não pode parar de pedalar!

Ao me lembrar desta entrevista, surge uma palavra, que lembro claramente de ter usado na conversa com aquele jornalista. Congruência.

As qualidades que nós, treinadores, defendemos como essenciais para as pessoas de alta performance devem estar no cume de nossa pirâmide de Maslow.

O psicólogo americano Abraham Harold Maslow foi criador da estrutura hierárquica que continha as necessidades básicas do ser humano. Essa linha de estudos rapidamente migrou para o *management*, pois o mundo dos negócios entendeu que a cadeia hierárquica das emoções é primordial para o êxito corporativo.

Ocorre que de nada adianta determinar uma hierarquia de valores, e

É Isso!

defendê-la quando o assunto é criticar o vizinho e ignorá-la quando o assunto somos nós. Maslow foi feliz em seu trabalho e referência no campo da psicologia, assim como Adler no campo da hipnose, e tantos outros profissionais que legaram materiais riquíssimos.

O desafio maior para o ser humano do século XXI deixou de ser o acesso à informação. Avançamos muito nas pesquisas que envolvem exatas e humanas. Assim colocado, o mundo dos negócios não pode se restringir a oferecer conteúdo intelectual, motivacional e técnico para as equipes. Cabe ao corporativo formar profissionais de desempenho superior, praticantes dos mesmos valores que os gestores pregam em seus projetos e empresas.

No site das grandes corporações, a missão, a visão e os valores, três pilares que os encabeçam, são sempre bem definidos. A pergunta maior é: são factíveis e convergentes com as necessidades básicas das pessoas contratadas? Esta é a "fórmula coronária" para o sucesso!

Se emocionalmente as pessoas não acreditarem naquilo que a empresa defende, a razão por si não será suficiente para fazê-la comprometer-se em completude.

De outra forma, quando coração e razão se encontram com os *highlights* da empresa em posição de congruência, metas de curto, médio e longo prazo nos processos comercial, administrativo e logístico serão sempre cumpridas e superadas.

A certeza inversa é quase garantida. Os colaboradores valorizam uma empresa que consideram muito boa, com excelentes produtos e serviços. Porém, quando percebem que a organização é incongruente com as crenças e valores que alega ter, esta empresa não será boa o bastante. A porção inconsciente do colaborador identificará essa incoerência.

Por que alguns colaboradores permanecem insatisfeitos na mesma empresa por décadas, sem identificar o motivo pelo qual não conseguiram receber promoções e galgar os disputados degraus para o sucesso na carreira? A resposta é simples. Eles admiram e são leais, mas não encontram congruência de valores para crescer.

E por que outros decidem buscar um novo trabalho tão logo se percebem infelizes? Mais uma vez a resposta é simples. Este segundo grupo prioriza a lealdade aos valores pessoais que carrega, e ao não encontrar congruência com quem lhe emprega entende que o jeito é partir.

Prof. Massaru Ogata

Uma vez que esta sutil e importantíssima análise não foi observada, começa o processo de *turnover*. Os empresários investem tempo, energia e dinheiro para deixar os colaboradores afiados e competitivos, mas em vários casos, a oferta do concorrente, às vezes até com salário e plano de carreira inferior em relação ao status quo, basta para que se demitam, deixando um rastro de dúvidas para os profissionais de recursos humanos e líderes de diversos setores. São perguntas que ficam sem respostas.

O que estamos fazendo de errado?

É imperativo aumentarmos salários e benefícios?

Nosso plano de carreira é ineficiente?

Alguns empresários têm se esquecido de fazer a única e estratégica pergunta que deveriam:

Existe convergência entre o que defendemos como valores mais altos, os valores dos nossos colaboradores e os valores de nossos clientes, conforme a cultura de consumo onde temos negócios?

Nenhum país aceita modelo de negócio imposto pela cultura de origem. Se a empresa veio do norte do Canadá montar uma franquia no Brasil, precisará considerar que as pessoas naquela região são pragmáticas, e em nossa cultura as pessoas são "românticas".

Os brasileiros querem o seu lugar ao sol, mas não abrem mão das relações, do calor humano e de praticar negócios com amor ao que fazem. Esta é a possível causa que leva franquias mundialmente fortes a experimentarem nosso mercado e desistirem dele pouquíssimo tempo depois. Se houver razão e pragmatismo de sobra e coração em falta, os brasileiros não fazem negócio.

Então, ofereço duas opções aos empresários, brasileiros ou estrangeiros, que almejam sucesso. As escolhas se parecem em teoria e são muito diferentes na prática.

1) Pode-se demandar grande esforço para colocar a empresa entre as cem melhores daquela revista que todos sabem qual é. Este destaque tornará a empresa atraente para os profissionais investirem oito horas diárias de suas vidas, mas serão insuficientes para evitar o *turnover*. No ano seguinte, se por algum descuido a empresa não aparecer outra vez neste "rol da fama", mesmo que pouca coisa tenha mudado, parecerá aos colaboradores que ficou ruim.

Ser a melhor empresa do país para se trabalhar é positivo.

É Isso!

Ser a empresa mais preocupada com os valores dos colaboradores é o diferencial.

2) Pode-se transformar a empresa num lugar onde o colaborador tenha prazer de estar, dos pontos de vista financeiro, profissional e emocional. Para mensurar isso, observe se os profissionais indicam a empresa para os amigos trabalharem. Verifique se eles têm vontade de levar a família àquela grande reunião anual, que não raro é organizada para 1000 funcionários e suas famílias, mas no dia compareçam apenas 300, sendo que boa parte por temer represálias da diretoria.

> *Entre o colaborador que vai até a empresa em busca de salário e outro que vai porque é feliz trabalhando lá, existe um abismo. A empresa que se baseia numa imutável lógica atrairá o primeiro perfil e a empresa que "colocar o coração" em seus negócios, atrairá o segundo.*

Digamos que você não seja funcionário fixo e tampouco grande empresário. Você é profissional liberal, estudante com grandes aspirações ou um pequeno empresário que busca encaixe neste desafiador mercado? Preste atenção nas pessoas. Em seus corações, cujas artérias são irrigadas pela inteligência emocional, está o grande segredo.

Para crescer, é importante pagar o preço da flexibilidade para entender como as pessoas sentem o que você oferece. Neste caminho, terá de lançar mão de comportamentos talvez ideais para você e nada congruentes às pessoas de suas relações, sem as quais não terá êxito. Para vencer, a individualidade é imperativa, mas jamais vai acontecer sem o apoio de muitas pessoas.

Todos nós sabemos que é difícil mudar as crenças, os sonhos e a grande missão de vida. Mudar um comportamento, convenhamos, é tão fácil neurologicamente como mudar de roupa. É indolor, rápido e serve como ferramenta para crescer. As pessoas que não conseguem êxito, em diversos casos, acabam perdendo para si, porque não colocaram o coração na condução de seus negócios. Para chegar ao lugar que você reconhece como sucesso, recomendo um exercício diário de vislumbrar três posições:

- para os lados, estão seus pares e concorrentes;
- para cima, estão as pessoas que um dia ocuparam o lugar em que você está e já venceram;

Prof. Massaru Ogata

- para baixo, estão aquelas que foram inflexíveis e não escutaram ninguém.

O país precisa de mais pessoas que façam sua parte e menos cidadãos que queiram apenas ganhar. Estamos conseguindo eliminar a crença ensinada, não se sabe mais por que ou por quem, de que é importante tirar vantagem sempre. Estamos evoluindo e, aos poucos, o círculo brasileiro de negócios cria padrões de respeito internacional recíproco nos quesitos lucratividade, parcerias, sustentabilidade e consciência empresarial. Aos que duvidam, basta aferir quantas empresas têm assumido o papel que não caberia exatamente à iniciativa privada: muitas já possuem as próprias faculdades. Preocupadas com o altíssimo custo da rotatividade, decidiram investir pesadamente na formação dos profissionais, mesmo sob o risco de formá-los e, adiante, perdê-los para a concorrência. Estas empresas compreenderam que para medir o grau de lealdade dos profissionais, faz-se relevante apostar neles. Ao investir em educação privada, os empresários tocaram o coração dos colaboradores e ganharam de duas formas.

1) Um critério é usado pela empresa contratante para custear os estudos dos profissionais, seja um bom curso de idiomas ou a faculdade. Ela avalia a performance de curto prazo e sabe que, ao assumir o compromisso, lida com pessoas que "se pagam", com profissionais que estudam e trabalham motivados, independentemente do cansaço. Caso o profissional decida deixar a empresa após quatro anos, já terá pago sua faculdade com os resultados deixados no período;

2) Outro resultado comum desse investimento é que os profissionais decidam pela lealdade, por seguir o plano de carreira na mesma empresa que custeou sua educação. Desta feita, os resultados de longo prazo serão robustos para o contratante. Além de formá-los com foco em seus negócios, o ensino foi feito dentro de suas portas, onde a qualidade pode ser avaliada e comprovada na prática, por meio de resultados tangíveis.

Calculando-se a média nos investimentos demandados, entre os funcionários que partiram e outros que ficaram, a diretoria de recursos humanos quase sempre celebra o sucesso do programa, que se torna muito promissor.

Em seguida, vale dedicar cuidados extremos ao definir missão, visão e valores, lembrando que podem ter o seu toque, mas não podem ser exclusi-

É Isso!

vamente seus, tampouco podem representar somente a posição dos sócios. É salutar que seja mais abrangente, pois os negócios serão muito mais que apenas "vocês" e representarão a vida de muitas pessoas envolvidas.

Colaboradores e seus familiares, clientes, fornecedores, parceiros e aliados respiram o oxigênio gerado por sua empresa ou projeto. Você fará parte da vida de inúmeras famílias, seja ao oferecer um emprego, ao concluir um bom negócio, ao representar seu regionalismo de atuação ou ao fortalecer o setor de mercado; daí a importância de incutir o coração para ter sucesso nos negócios.

Como parte da sociedade que compõe a empresa, ou o único dono (a), deve-se pensar nas pessoas como elos que simbolizam a eternidade dela. Seus produtos e serviços poderão mudar em algum momento, os governos se renovarão periodicamente, os fornecedores se renovarão para atender novas exigências e, durante todos esses eventos, algo não deve mudar: a congruência entre missão, visão e valores de sua empresa ou projeto com as pessoas que a mantêm viva e forte.

Em eventos corporativos, não raro, enchemos nossos salões com pessoas dos mais diferentes ramos que nos procuram em busca do sucesso nas negociações ou da excelência na arte de liderar. Sempre que as portas se fecham e produzem aquele característico ruído, é quase possível ouvir o coração de cada um na audiência. E como disse Saint-Exupéry com muita assertividade, nos tornamos responsáveis por aquilo que cativamos. Eu não quero formar um batalhão de líderes que não entendam a necessidade de cativar o "aquilo" que Exupéry metaforica e sutilmente definiu como sendo o coração.

Jamais fiz questão de contar precisamente quantos semelhantes passaram por meus treinamentos. Seria uma estatística vaidosa e de pouca utilidade. O que eu quero mesmo e felizmente já tem acontecido, é ter a certeza de que formei líderes que usam o coração no mundo dos negócios, no tratamento e treinamento de pessoas que passarão por suas vidas e que ao formarem missão, visão e valores de seus projetos, não irão ignorar os efeitos destes para a sociedade, suas empresas e suas famílias. Eles estão prontos, e tenho certeza disso, de coração, exatamente como propus no início do capítulo!

É isso!

Capítulo 3

O PODER DA MENTE COMO FERRAMENTA PARA VENCER

Prof. Massaru Ogata

A o longo de minha carreira na Johnson & Johnson, trabalhei 17 anos nas áreas de vendas, treinamento e desenvolvimento de recursos humanos. Em seguida, já dediquei mais de três décadas de minha vida à função de treinador comportamental, e depois de treinar milhares de semelhantes em busca do auge da potencialidade humana tenho reparado um número peculiar de pessoas que conseguiram chegar lá, onde quer que seja o "lá" de cada ser humano.

Observo que muitos chegam aos nossos treinamentos temerosos sobre o desconhecido conteúdo e também com grande desejo de buscar evolução. De maneira inconsciente, todos sabemos que seremos submetidos a evoluir, cedo ou tarde, pelo treinamento ou pela vida.

A vida empurra as pessoas na direção do processo evolutivo, como Darwin previu que aconteceria. Ainda que não queiram, não possam ou supostamente não devam, em dado momento o ser humano tem duas opções: evoluir ou adoecer. Como o casulo a ser rompido para o voo inaugural da borboleta, as pessoas também são dotadas de casulos das mais diferentes resistências. No caso da belíssima borboleta, se em dado momento ela não voar, morrerá vítima do casulo que em sua vida destacou-se como algoz e herói, limitante e protetor.

É Isso!

As pessoas vivem experiências semelhantes. Tenho observado algumas, donas de ímpar capacidade, que muitas vezes se limitam por freios acionados não pelo acaso, mas por elas. Sem perceber, conferem-se o papel de críticos e estabelecem uma escala hierárquica, uma espécie de plano de carreira. O crítico em suas vidas rapidamente é promovido ao cargo de chefe – dos mais rigorosos – e, em seguida, como fez um belo trabalho, é promovido a sabotador de emoções – dos mais cruéis.

A partir disso, o sabotador instalado na vida da pessoa que o contratou, com direito a escritório de alto padrão, começa a privá-la em processo gradativo. E parece estabelecer cinco dias de limitações e privações. A pessoa experimenta uma semana "de cão", como muitos se referem.

Segunda-feira – não cumpre os compromissos profissionais com a mesma dedicação, pois o sabotador de seu "eu" sugere que "não é justo ficar se matando de trabalhar" logo no início da semana, principalmente porque o vizinho de mesa passa o dia inteiro navegando na internet.

Terça-feira – escolhe não sorrir, convencida pelo sabotador de que não tem tempo a perder com futilidades e precisa trabalhar.

Quarta-feira – dá pouco de si para a família. O sabotador sussurra que o cansaço no meio de uma semana difícil como aquela pede cama. A pessoa só não repara que todas as semanas passam a ser difíceis, porque sua percepção sobre a realidade que a cerca já não é a mesma. No mesmo dia, ela é promovida no trabalho, faz aniversário de casamento, ganha um prêmio-surpresa e ainda assim, quando alguém lhe pergunta como vão as coisas, responde: "matando um leão por dia".

Quinta-feira - não lê, não se atualiza, não faz cursos e investimentos pessoais. O sabotador impõe que se tivesse tempo para essas bobagens, investiria na família, no lazer ou até mesmo para melhorar sua condição no trabalho. A partir desta sabotagem, passa a ser refém das reações de um "eu" despreparado, abrindo portas e janelas para a entrada de atitudes e comportamentos nocivos.

Sexta-feira – o sabotador dá uma folga para que ela se permita algum momento de lazer, talvez um ou outro instante para a família. Certamente, no domingo, o sabotador voltará a atuar como executivo punitivo.

Não seria por isso que testemunhamos este ou aquele a reclamar do fato de ter acabado o final de semana, a lamentar a chegada da segunda-feira? O que poderia ser o prazeroso exercício da labuta que preenche uma

Prof. Massaru Ogata

missão de vida, é vislumbrado como o enfadonho destino de "amanhã começa tudo de novo".

Como demitir em definitivo o sabotador que vive ou se hospeda em nós?

A primeira ação é admitir sua existência, em vez de dizer "comigo isso não acontece" e seguir a metafórica comparação feita neste capítulo, seria ótimo transferir o sabotador de função, gentilmente o rebaixando à função original em nossas vidas e, para quem não se recorda, basta voltar ao início da metáfora, onde o sabotador era apenas um crítico.

O crítico tem o importante papel de nos orientar sobre o que, como, quando, onde e por que podemos melhorar. Não há nada de errado em ter um lado crítico em nossas vidas, desde que a diferença entre crítico e sabotador seja compreendida.

O cérebro está pronto para cuidar de você, com todo o poder que detém. Mas, é válido preparar uma armadura intransponível para nos proteger e evitar a promoção do sabotador, por meio de cinco estratégias que funcionarão desde que, de fato, sejam praticadas.

1. Exercício motivacional diário – o palestrante norte-americano Zig Ziglar, em uma de suas mais célebres frases, eternizou um pensamento. *"Dizem que a motivação não dura. O banho também não e por isso é recomendado diariamente"*. Ele estava certo. Faça uma conta simples. Quantos anos você tem? Subtraia pelo número de anos em que se manteve preso (a) aos mesmos comportamentos. Seu cérebro, mecanismo perfeito, está acostumado a fazer as mesmas coisas em favor dos fatores protecionistas que você definiu, desde a mais tenra idade, sob a influência dos pais ou adultos de sua confiança, ainda que não se recorde. Logo, para mudar comportamentos e crenças, o cérebro oferecerá uma resistência natural. É quando nos vemos a proferir expressões como "não era realmente para ser meu" ou "quando for para ser meu, será", e assim por diante. É difícil perceber quão pouco temos programado o cérebro para praticar mudanças. Desistimos de projetos que poderiam resultar em um trabalho melhor, parar de fumar, eliminar peso ou até, quem sabe, a reconstrução de uma vida em proximidade da família.

2. Resiliência – reprogramar o cérebro em benefício de nossa felicidade é de fundamental importância. Quando ensejamos mudanças,

É Isso!

o cérebro nos "presenteia" com uma pequena dor, um incômodo psicológico ou até mesmo uma patologia mais séria. É desta maneira que vemos os fumantes dizendo que não param de fumar para não engordar, sedentários afirmando que não fazem exercícios porque a perna dói e insones afirmando que não conciliam o sono há décadas porque quando dormem têm reflexo ou pesadelos.

3. Paciência – o exercício diário e regado à resiliência, como vimos nos itens 1 e 2, requer extrema paciência para lidar com a frustração de, eventualmente, não ter conseguido. Como ninguém aprecia sentir-se em condição frustrada, é comum que a paciência falte. Desta forma, ainda que queira, não conseguirá uma nova empreitada evolutiva e desistirá. Quando chegar este momento, lembre-se dessas ardilosas armadilhas emocionais e prepare-se para superá-las, com a certeza de que as capacidades natas para esta preparação já estão aí, gravadas em seu cérebro, em algum lugar, aguardando o aperto do botão *start*.

4. Reconhecimento – durante séculos, o ser humano herdou de suas árvores genealógicas a crença de que "destacar-se" era demonstração de soberba. As pessoas foram educadas para que fossem sempre demasiado humildes, e esse excesso característico levou muitas a considerarem "errado" um reconhecimento íntimo, uma leve e saudável comemoração por terem superado um concorrente ou os próprios limites. Alguns chegam muito perto do que consideram prosperidade e desistem por julgar errado ou arrogante agir assim. Para deixar claro, não existe nada de errado em ambicionar e chegar onde se quer, tampouco é incorreto olhar o próprio reflexo no espelho e afirmar com um belo sorriso que conseguiu vencer. Ao contrário, apenas a satisfação de ter vencido os medos, frustrações e o fato de investir coragem suficiente para superar-se, são suficientes para gerar uma grande quantidade de serotonina, substância capaz de promover o bem-estar necessário para sobrepujar, inclusive, a temida depressão.

5. Fidelidade – ainda que não tenha reconhecimento, paciência, resiliência e o exercício diário de policiar-se, a fidelidade de si para si é a única ferramenta que você pode controlar. Passamos boa parte de nossas vidas cobrando fidelidade dos amigos e amores, sem jamais perguntar se temos sido fiéis conosco e com aquilo que defendemos como convicção. Mais que isso, temos dificuldade para distinguir se é mesmo uma convicção ou um vício comportamental. A estratégia é discernir, para que a verda-

Prof. Massaru Ogata

de em nossas vidas seja blindada pelo positivismo e a suposta verdade fútil não ultrapasse nosso entendimento sobre fidelidade, para que não sejamos fiéis por vício, outro comportamento que atrai o sabotador.

Conferidos os detalhes que envolvem o poder do cérebro e os antídotos para as eventuais limitações impostas em muitos casos por nós, na segunda fase deste capítulo, chegou o momento de comemorar, com os olhos voltados para o futuro. Veremos se e como estamos neurologicamente dispostos a mudar e a evoluir. Quero oferecer uma análise sobre os seis possíveis grupos que contam com a sua mudança.

I) Clientes – seja qual for o seu trabalho ou o status de sua vida pessoal, você tem clientes. Todos são compradores em potencial. As pessoas compram produtos, imagem, comunicação, serviços ou convicções e todos os dias surgem novos fornecedores, tornando a concorrência imensa para conseguir o melhor emprego, um grande amor ou a chance de alavancar a carreira. Em qualquer dessas esferas, os clientes exigirão que você se renove. Quem cresce continuamente se recusa a permanecer por muito tempo com quem se recusa a evoluir.

II) Família – antes de apontar o dedo para diferenças de temperamento ou comportamento, de exigir a todo instante que os parentes próximos mudem seu "jeito de ser", pense na possibilidade de mudar o seu. A partir das estratégias que ofereci, tenho certeza de que você, caso queira muito e entre em ação para não ficar só "querendo", é capaz de mudar para proteger a prole, pois tal capacidade está gravada em nosso DNA desde os tempos das cavernas.

III) Amigos – sob o comando do cérebro protecionista, a zona de conforto é vilã da longevidade entre amigos, porque as pessoas mudam a todo instante em atenção à contínua evolução. Se os amigos cresceram sob todos os aspectos e a outra parte se manteve irredutível em suas posições, é questão de tempo para o amigo que encarou e pagou o alto preço das mudanças se afastar de quem não o fez.

IV) Parceiros – em sua vida, você encontrará parcerias no mundo dos negócios, no amor e em outras áreas. Algumas evoluirão até níveis mais altos e quando isso acontecer, lembre-se de que os parceiros são torcedores leais de sua evolução e contam com sua torcida,

É Isso!

em recíproca relação. Porém, quem não muda, não tem motivação para torcer por si ou pelos outros.

V) Inimigos – eles torcem pelo seu sucesso sem saber. Para desejar que você fracasse, seus inimigos praticarão por instinto um dos mais antigos exercícios, que inclusive o cérebro humano aprecia muito: comparar. Mesmo que os inimigos queiram ver você pelas costas, será preciso que o imaginem com êxito, para depois comparar ao que entendem como fracasso. Vale ressaltar que quem muda sempre tem agenda cheia e não encontra tempo hábil para fracassar e felicitar, desta maneira, possíveis inimigos.

VI) Você – ainda que não queira ou não saiba, você é a pessoa que mais torce por si. A cada dia, identifico quem afirme ter feito o possível e agora "é só contar com um pouco de sorte". Como sempre digo em meus eventos, determinado fato pode ser sorte, pode ser azar, mas contar com qualquer um deles é perigoso. Não há tempo para esperar fatores intangíveis. A vida não vai parar e esperar enquanto a sorte não vem e sempre será hora de lutar um pouco mais. Tampouco, a vida não vai aguardar enquanto lamentamos o azar que nos acometeu. O grande barco da vida seguirá seu curso numa velocidade tão intensa que, ao aportar, talvez sugira a monossilábica pergunta: Já?

Em suma, devemos tomar o leme do barco que conduz a vida, assumir a desafiante arte de navegar e, como capitães, esperar dias de mar em fúria, sem pena de si, sem acusar o céu pela crueldade de esconder o sol. Ninguém cresce sem experimentar dissabores. Faz parte do processo evolutivo, e o cérebro tem essa informação registrada. Em nossa essência, seja qual for a idade, raça, crença ou condição social, células vencedoras estão ali, prontinhas para se juntarem e agirem, esperando a decisão de abandonar velhos, insalubres e tristes hábitos. Lembre-se, porém, de que células são organismos vivos criados para a saúde física e emocional. Um dia, depois de muito lutar e ainda assim permanecerem sem uso, algumas porções grandes dos dez trilhões de células poderão se tornar inúteis e nocivas. Quando acontecer, tenha certeza de que as utilizou ao extremo, cumprindo seu papel neste vasto mundo que conta com cada uma de suas "células" para sobreviver, sendo você uma delas.

Não somos, diante do mundo, mais que pequenas porções de matéria

Prof. Massaru Ogata

viva em movimento pluricelular constante. A longevidade, e posso falar com propriedade, pois estou experimentando a minha neste exato momento, vai lhe presentear de duas formas e se preferir, pode entender isso como "sorte ou azar": você pode chegar se arrastando, vítima de doenças oportunistas da idade ou chegar com gás de quarentão. O segredo não é encontrar estratégias para alcançar longevidade. Qualquer bom livro com experiências relatadas ensina a melhor dieta, os melhores exercícios físicos e hábitos. O desafio é saber "como" experimentar a longevidade.

Ao sentir-se uma pessoa velha estética e emocionalmente, mecanismos absolutamente perfeitos do cérebro encontrarão meios de preencher esta percepção sobre a idade. Nas mulheres, observa-se dramática queda nos níveis de estrogênio e outras alterações endócrinas, inibindo a libido e prejudicando a densidade óssea. No caso dos homens, a experiência psicológica de sentir-se velho e acabado compromete a homeostase hormonal, que é a capacidade de adaptação físico-biológica ao momento em que vive, podendo acelerar ainda mais a perda de testosterona. E para quem ainda é jovem e quer experimentar uma velhice saudável, saiba que o estresse equivocadamente cultivado como se fosse uma plantinha pode alterar todo o sistema hormonal, desde já até o longo prazo.

Sacóvisky?

Este é um termo que uso para brincar com a turma nos treinamentos, uma espécie de "sacou" em "russo".

Contudo, quando envelhece como pessoa motivada, feliz por estar viva e grata ao universo, o cérebro emitirá comandos de equilíbrio para compensar perdas hormonais e males típicos da idade. É assim que se envelhece com dignidade, através de comandos motivacionais ao cérebro, que atua como *Chief Executive Officer* da vida.

Afinal, ninguém envelhece da noite para o dia. É um processo longo que exige semeadura de boas atitudes diárias para a colheita de saudáveis resultados futuros.

Capítulo 4

ROMANTISMO E CAVALHEIRISMO: ESTÃO FORA DE MODA OU A PRÓPRIA MODA LHES TOMOU O LUGAR?

Prof. Massaru Ogata

Imagine dois velhos irmãos muito determinados, capazes de sobreviver ao tempo, mesmo com o mínimo de pessoas dispostas a mantê-los vivos. Há séculos, estes dois idosos sentimentos lutam para cumprir a missão de manter uma sociedade mais apaixonada e gentil. Para muitos, o século XXI foi conclusivo na aposentadoria do romantismo e do cavalheirismo. Este capítulo não representa um texto saudosista e não venho reclamar ou culpar novas gerações pela enorme cova em que estamos, aos poucos, sepultando estes dois senhores que embora tenham sido criados para a eternidade, parecem cada vez mais com dias contados.

Embora sejam companheiros inseparáveis, peço permissão para separá--los, o que permitirá uma análise mais amiúde e lá adiante, ainda neste capítulo, voltaremos a correlacioná-los.

Romantismo

As mulheres ficam encantadas ao encontrarem, por exemplo, um bilhetinho no interior de seus sapatos. Mesmo que o marido, noivo ou namorado e filhos não sejam propriamente poetas, três palavras que compõem a expressão eu te amo são mais que suficientes para um prazeroso e duradouro sorriso.

A sociedade ensinou que o romantismo está associado ao relacionamen-

É Isso!

to entre casais, mas como o ser humano adulto será romântico se a sua natureza foi desprovida de toda e qualquer forma de romantismo?

Filhos que não conferiram atitudes românticas entre os pais ou adultos do convívio direto, dificilmente vão adotá-las para a sua vida futura. Aos seus olhos, o romantismo será compatível com cinema, música e diversas artes, de forma dissociada, sem relação com as suas experiências.

Romantismo eletrônico

As redes sociais e os e-mails representam uma força muito potente para facilitar a comunicação e deixam o romantismo um pouco "frio". Por mais que a pessoa receba votos de felicidade através deste canal, um cartão manuscrito sempre terá um toque de requinte. Quem recebe entende que um cartão desprendeu mais esforço e carinho do remetente.

O mesmo vale para os familiares. Pessoas românticas visitam, abraçam, não se economizam e não se restringem a procurar a família pelas redes sociais.

E por que não mencionar os amigos? O que há de mais romântico que enviar uma mensagem (pode até ser digital) de coração, com os dizeres:

— Olá, Paulo. Faz tempo que não nos encontramos, meu amigo. Estou te enviando esta mensagem para dizer que você continua muito importante em minha vida. Espero revê-lo em breve!

O romantismo transcende a suposta visão social de que se restringe ao relacionamento entre casais e invade campos diversos das relações humanas.

Não faltará quem alegue que a liderança assertiva, por exemplo, não deve ser romântica e sim efetiva. Em parte, estariam corretos. Ocorre que o romantismo tem diversas vertentes. Nas equipes, serão encontrados colaboradores sonhadores – românticos, e racionais – práticos.

No quesito corporativo, líderes devem ser dotados de flexibilidade para lidar com ambos os estilos, sem esquecer que por essência, românticos não gostam de ser tratados como práticos e estes não gostam de líderes "melosos". Uma empresa composta por pessoas que lideram com base nesta respeitosa tratativa com o ser humano vai crescer natural e gradativamente.

Romantismo datado com especificidade

As pessoas amam receber presentes, afagos e atenções em datas especiais, como aniversário, Natal e afins. Não podemos, entretanto, esperar que a pessoa tolere grosseria e desamor durante 364 dias e, ao surgir um presente, tudo se esqueça. Feridas abertas pela falta de romantismo

Prof. Massaru Ogata

podem ser suficientes para anular qualquer mimo de caráter imediatista, como um presente no dia internacional da mulher, por exemplo.

É preciso ter consciência de que o exercício romântico é como o físico. Para dar resultado, a prática exige disciplina, com uma diferença: a disciplina basta para o exercício físico, e para o romântico, é insuficiente. Romantismo se completa com a naturalidade. É preciso senti-lo para oferecê-lo. Não precisamos nos transformar em românticos por identidade, se não quisermos. Mas, no mínimo, assumir comportamentos românticos eventuais é imprescindível.

Cavalheirismo

Os séculos anteriores mostraram aos homens que através da gentileza eles conseguiriam melhor posicionamento social e principalmente uma chance maior de conquistar a mulher ideal. Cavalheirismo não era um recurso usado somente para galanteio. As relações entre homens e mulheres eram a cereja no bolo cavalheiresco. Para conseguir um empréstimo bancário, quanto mais refinado e cavalheiro fosse o proponente, maiores seriam as probabilidades de aprovação.

Presenciamos também a associação que as pessoas faziam entre cavalheirismo e educação refinada, o que acabava por restringir este comportamento, em tese, às famílias mais abastadas. A realidade mostrou-se diferente, e entre a sociedade surgiu cavalheiros da mais alta nobreza que nasceram no berço da pobreza, e pessoas intolerantes, ríspidas, que embora tivessem títulos e poder, não conseguiam ser gentis.

Cavalheirismo não é como acessório de carro, que o dinheiro compra para torná-lo mais belo ou funcional. Ou se nasce cavalheiro, ou se aprende, mas o dinheiro e a posição social não o compram.

A própria moda deixou o cavalheirismo fora de moda. Os carros tinham duas portas e o cavalheiro abria aquela que pertencia à passageira. Depois, os carros passaram a ter quatro portas, todas automáticas e com um simples *click* no chaveiro eletrônico, motorista, esposa e crianças embarcam nos veículos sem qualquer cerimônia.

Confira um pequeno teste. Como o marido, namorado ou noivo deveria reagir nesta situação?

Chove torrencialmente, mas ela tem um compromisso cujo horário está apertado. Chegando ao carro, o motorista tem duas opções.

É Isso!

1. Manter sua passageira no último ponto coberto mais próximo do carro, pedir que ela espere, ir até o carro, abrir a porta dela (a esta altura ele estará todo molhado) e depois disso, buscá-la com o guarda-chuva e ajudá-la a entrar no carro. Em seguida, fechar sua porta e correr para a porta do motorista, a fim de seguir viagem.
2. Os dois saem correndo. Cada um que se cuide, que se proteja da chuva, imperando a lei "quem correr mais, se molha menos".

A primeira atitude é de um cavalheiro e a segunda dispensa comentários.

Quando o impacto do progresso se apresentou, vieram as redes sociais, trouxeram facilidades e enormes problemas de relacionamento. Por exemplo:

A família é composta por quatro pessoas. Em pleno final de semana, o marido está no quarto, a esposa na sala e cada filho em seu respectivo quarto. Cada membro desta família está navegando pela mesma rede social, quem sabe "curtindo" algo que o outro acabou de postar no quarto ao lado. Esta não pode, sob nenhuma hipótese, se transformar no modelo de família do futuro.

Devemos considerar que se o homem é incapaz de ser cavalheiro com a esposa, também não será com os filhos.

E por que decidi explanar sobre um assunto esquecido ou engavetado pela maioria?

A gentileza deve partir de quem tem mais testosterona para acumular e produzir. As mulheres já aprenderam os conceitos de gentileza, mas boa parte dos homens ainda se perde pela ausência desta tão nobre, necessária e transformadora qualidade.

Os amigos leitores do sexo masculino poderão alegar que algumas mulheres são mais intempestivas que homens, e concordo. Ocorre que, também neste caso, todos temos uma parcela de contribuição. Durante anos, a sociedade privou ou menosprezou as mulheres, que aprenderam a se defender, e, assim, no século XXI, a maioria não leva mais desaforo para casa.

A partir daqui, quero oferecer 20 ações de cavalheirismo, subdivididas em duas partes, para que usem com a pessoa amada e os filhos e tornem as relações mais saudáveis, prazerosas e duradouras.

Como ser cavalheiro com a esposa, noiva ou namorada

1) Abra a porta do carro com a máxima frequência. Assim que ela tomar

Prof. Massaru Ogata

o assento, feche a porta com suavidade, mas não bata, ou vai parecer que foi má vontade;

2) Puxe a cadeira no restaurante. Assim que ela se sentar, empurre levemente a cadeira, para que ela se sente com conforto;

3) Ajude-a com as tarefas de casa. Lave a louça, aprenda a cozinhar, surpreenda-a. Chegue mais cedo em casa, prepare o jantar e quando ela chegar do trabalho, acenda velas e sirva vinho;

4) Se vocês têm filhos, proceda a justa divisão nos cuidados, tarefas, educação e rotina escolar;

5) Compre presentes sem data específica, embale com esmero e entregue de forma ritualística. Coloque no banheiro, sobre a cama ou em qualquer lugar que ela vá com frequência;

6) Leve-a para motéis, apimente a relação. Não em qualquer lugar. Escolha com carinho, invista. Se não tiver dinheiro, junte antes, programe-se;

7) Esconda bilhetes de amor pela casa. Faça-a procurar, sorrir, ficar curiosa. O lado criança despertado merece atenção especial;

8) Defenda a honra dela, em analogia ao que se fazia nos séculos anteriores. Ao término do dia, quando ela estiver pronta para narrar como tudo transcorreu, prazerosamente escute. O dia dela fecha com chave de ouro quando pode ser partilhado, mas poucos homens percebem isso;

9) Cerque-se de amigos que possam proporcionar surpresas. Por exemplo: leve-a para passar um dia inteiro fora, com passeios, gastronomia e entretenimento geral. Ao chegar em casa, programe-se para que estes amigos estejam esperando, em formato de surpresa, para fechar bem a noite com uma bela confraternização;

10) Mantenha o romantismo sempre presente. Passe creme dental na escova. Quando ela estiver prestes a sair do banho, corra até o quarto e coloque sobre a cama tudo que ela precisará. Em casa, transforme o ambiente antes rotineiro em romântico. Juntos, ouçam música, assistam a filmes, leiam livros, mas que tudo seja ritualístico e incomum.

Como ser cavalheiro com os filhos

1) Preocupe-se com os mínimos detalhes. Ajude-os com a máxima distância aparente, pois o ser humano é independente por instinto. Se os pais quiserem impor sua força, distanciarão os filhos. O caminho é a discreta proximidade e jamais a exacerbada autoridade;

É Isso!

2) Eles querem ser ouvidos, mas dificilmente conseguem. Nem tudo pode ser avaliado como "conversa de gente grande". Encontre uma forma de fazê-los participar das decisões, habilidade reservada a poucos educadores;

3) Em dado momento, converse sobre sexo e outros assuntos de relativa polêmica, para que não necessitem buscar esclarecimento fora de casa;

4) Não disponha na mesa lugares de exclusão, como o "cantinho do filho". Faça-os participar das refeições como partes daquela sociedade privada que é a família;

5) Gerencie seus relacionamentos, mas não assalte 100% de sua privacidade sob nenhum pretexto, pois o que mais desejam é ter espaço;

6) Aprenda a entender, com sutileza, suas aspirações. Conforme o perfil, investigue o que faz seu filho feliz, antes de tentar impor sonhos, vicissitudes e frustrações, como talvez fizeram contigo. Não caia na armadilha familiar "seu irmão falhou, mas você com certeza vai ser médico e não vai me decepcionar";

7) Defina tarefas que regem uma pequena e justa sociedade nos limites das paredes de seu lar. Encontre formas de fazê-los participar de pequenas tarefas, para que aprendam o valor básico de cidadania a partir do principal espaço de vida das nossas crianças, que é a sociedade familiar;

8) Participe de comunidades importantes para os filhos, em busca de congruência. Se você ofereceu educação, é relevante que esteja nas reuniões bimestrais para ouvir os professores. Se os colocou em atividades como informática, inglês, natação e tantas outras mais, estejam lá, conversem com os professores e monitores, não a fim de "saber e julgar como estão se saindo", mas para participar da aprendizagem;

9) Crie "momentos de debate" em casa. Instigue os filhos a participarem do que acontece em sociedade, para que possam opinar sem o receio de estarem certos ou errados;

10) Gerencie um programa de educação literária. Ofereça as leituras que construíram o melhor que existe em você, sempre com vistas para a congruência. Ficarão satisfeitos em ler aquilo que os pais também leram, para que possam discutir o conteúdo com as pessoas que mais confiam. Não adianta mandá-los ler porque "ouviu dizer" que tal obra é boa

Prof. Massaru Ogata

para os filhos. Isso não seria cavalheirismo. Seria, no máximo, uma ordem infundada.

Agora, você tem em mãos 10 ações que podem ser adotadas nas áreas mais importantes da vida do ser humano; relação a dois e relação com os filhos. Resta decidir o momento certo de começar. Eu sugiro que seja agora...

É isso!

Capítulo 5

QUEM É ALPHA NO AMBIENTE CORPORATIVO

Prof. Massaru Ogata

Uma robusta fração de minha agenda profissional é preenchida por treinamentos em empresas de grande, médio e pequeno portes. Durante o ano inteiro, sou contratado para eventos de vendas, recursos humanos, liderança e outros temas. Nessas ocasiões, é recorrente me deparar com contratantes que pedem ajuda para identificar entre seus colaboradores aqueles que são dotados do perfil de liderança, que poderão executar papéis mais relevantes no grupo. A ideia deste capítulo é propor aos palestrantes e formadores de opinião em geral um limite. Quero oferecer a experiência de três décadas negociando eventos com contratantes.

Tomar cuidado com a "sedução" é importantíssimo. Isso mesmo. O fato de assumir trabalhos não pode seduzir. Motivados pelo poder, quem ministra um evento pode confundir e inverter a missão maior da oratória, que se divide em três tarefas, sejam quais forem os mapas neurológicos dos profissionais.

- Formar, reciclar e integrar pessoas ao grupo;
- Encontrar o enorme potencial adormecido nas pessoas;
- Incutir nas pessoas o desejo constante por mudanças.

É Isso!

Quando os contratantes pedirem para identificar líderes, cabe assumir a neutralidade e explicar que aos formadores de opinião, cabe apresentar nos eventos testes, dinâmicas e exercícios corporativos que farão com que os líderes (Alphas) se destaquem. Não cabe ao orador decidir quem é líder, mas aos contratantes. Explique isso sem medo de perder o negócio e posso afirmar que a melhor postura é dizer algo nessa linha:

— Eu vou promover atividades diversas e teremos inúmeros momentos para avaliar aos seus olhos quem são as pessoas ideais para os próximos passos de seu projeto!

Ao decidir presentear-se com este poder egocêntrico, uma cadeia de eventos pode acontecer. O profissional talvez indique alguém que tenha se destacado em determinada atividade sem saber que tal pessoa se destacou porque pontualmente, naquela atividade, recebeu uma descarga hormonal de adrenalina, que seu corpo produziu para que não "ficasse abaixo" do que esperavam. Quem sabe, no cotidiano, essa pessoa tenha ações acomodadas e diferentes daquelas assumidas no evento. Sua indicação poderá gerar prejuízos ao contratante e à pessoa, que não se adaptará e correrá o risco de ser demitida. Treinadores que fazem isso jamais voltam ao palco da mesma empresa, e seus responsáveis se lembrarão da confiança depositada na equivocada análise.

Nós somos promotores motivacionais, geramos impacto nas reflexões, fomentamos a percepção comportamental e o resultado final disso é a felicidade das pessoas. Nosso trabalho finaliza aí e não devemos nos dar o direito de atuar como se fôssemos gestores dessas empresas, tampouco dizer-lhes o que consideramos que façam de certo ou errado.

Talvez alguém argumente:

— Professor, fui contratado como consultor. Nada mais natural que eu diga aos contratantes quem são as pessoas que estão travando a operação. Certo?

Errado. O papel de consultores é identificar falha *nos processos e não nas pessoas*. No ambiente de consultoria e *coaching*, os profissionais, principalmente recém-formados, tendem a supor que devem influenciar diretamente até mesmo na contratação e demissão dos colaboradores.

A minha dica é a seguinte: se você é especialista com formação em RH e tem vivência prática curricular na área, poderá ajudar seu cliente a contratar melhor e ensiná-lo também que a demissão é uma operação

Prof. Massaru Ogata

inevitável, processual e necessária. O que não deve é assumir a área de recursos humanos do cliente, como se você fosse um de seus funcionários. A decisão sobre quem fica ou sai, quem entra ou ascende não é do treinador e jamais poderá ser. Sua consultoria tem data para acabar (ou deveria ter). Já a empresa, continuará no mesmo lugar, colhendo os resultados positivos ou negativos que sua intervenção gerou.

É por esta razão que insisto em formar novos ALPHAS, líderes servidores que irão até as empresas e darão o melhor de si em favor do crescimento e da harmonia do ambiente, sem confundir as seguintes fórmulas:

CLIENTE → TREINAR → MOTIVAR → SERVIR → CELEBRAR RESULTADOS

CLIENTE → TREINAR → DAR PITACO → DEMITIR E CONTRATAR → LAMENTAR RESULTADOS

A lei que foi imperativa durante muito tempo e mantida por chefes tiranos teve os dias contados. O popular ditado "manda quem pode, obedece quem tem juízo" tem sido motivo de piada no ambiente corporativo. Prefiro oferecer um novo ditado.

Gerencia quem é líder, obedece quem tem comprometimento.

Com base nesta reflexão, caso o profissional enseje descobrir se a sua presença no cliente tem sido benéfica, vale observar o que os colaboradores falam dele. Colaboradores soltam frases no ar, supostamente divertidas, sobretudo quando apresentam o consultor a um novo funcionário.

— Olha aí o nosso consultor. Este aí manda prender e soltar aqui na empresa!

— Este é o nosso palestrante. Sugiro que ande na linha, senão ele te indica para o facão!

As pessoas usam o bom humor para satirizar uma opinião gravada em seu sistema. Se dissessem abertamente, os dois exemplos citados seriam diferentes.

— Este cara tem mais poder que o dono da empresa!

— O cara não é funcionário, mas se sente Deus e a todo instante, demite alguém!

Como me comprometi a legar os segredos nas relações entre o mundo corporativo e os Alphas, não me perdoaria por silenciar esta reflexão-alerta. Se a sua consultoria é especificamente de recursos humanos, ofereça de fato recursos aos humanos que ali estão trabalhando. Não se permita seduzir pelo ego. Você chegou ao cliente porque algo não estava

É Isso!

funcionando satisfatoriamente, portanto evolua o departamento através daquilo que aprendeu em toda sua formação acadêmica ou alternativa.

Um setor de RH saudável requer líderes internos e não externos. Quem vem de fora para treinar empresta suas capacidades de liderança e incute comportamentos ligados à gestão exitosa de pessoas e departamentos. É de suma importância que se registre uma certeza, ao finalizar os trabalhos, de que deixou ali uma nova empresa, pronta para ser administrada por pessoas que aprenderam contigo. Outra possibilidade é você deixar uma nova empresa com a roupa velha dos preconceitos de pessoas que não aprenderam nada. Tenho certeza de que a primeira opção será uma constante em seus trabalhos e para complementar, exemplifico três cenários que conduzirão ao brilhantismo. São dicas que valem para treinadores, palestrantes, *coaches*, consultores, líderes de variados mercados e também fazem parte da cartilha básica dos ALPHAS que formamos no IFT - Instituto de Formação de Treinadores.

1) Você vai ministrar treinamento em empresas – a meritocracia dos resultados é das pessoas, e a você, cabe o papel de instigá-las ao processo de mudança. Quando o cliente disser que cresceu 20% no ano em que lhe contratou, diga que fica feliz e dê a ele o mérito. Cuidado com a egocêntrica armadilha de dizer a seguinte bobagem:

— Eu fiz o meu melhor, não poderia ser diferente!

2) Você vai oferecer consultoria para empresas – todo o trabalho deve ser pautado por uma visão macro. Não se limite ao pecado comum entre consultores que vão diretamente para a área comercial e esfolam vendedores como se representassem a única causa possível pelos resultados insatisfatórios. Entenda que todas as áreas são indiretamente de "vendas" e uma empresa se fortalece quando essa separação deixa de existir.

3) Você vai realizar um processo de *coaching* – diante de si, estará um *coachee* e não um paciente. As pessoas têm confundido cenários e isso não é bom para quem contrata. Entenda que *coachee* é cliente, enquanto nos consultórios, a pessoa é paciente de profissionais da saúde. *Coach* não faz milagres, e ao constatar que o cliente precisa de acompanhamento psicológico ou psiquiátrico, deve encaminhá-lo para esses profissionais ou tratá-lo, caso esteja preparado (a) academicamente. Inaceitável é "tratar" pessoas com *coaching*, PNL ou qualquer tema afim. Além de ilegal, não seria nada ético.

Prof. Massaru Ogata

Nas empresas, existirá protecionismo, parcialidade e procrastinação. Nós somos convidados a adentrar em seus ambientes para evitar que tais práticas aconteçam. Seja Alpha, caminhe pela empresa em que vai realizar seus trabalhos de cabeça erguida, não por arrogância, mas pela excelência prestada. Cuide de pessoas que jamais viu como se fossem parte da família. Este é o maior segredo dos treinamentos comportamentais. Tenha sempre a humildade de separar as coisas e carregue uma marca pessoal, reservada apenas aos Alphas: em comparação com a maioria, você vai trabalhar o dobro, comemorar o triplo em resultados e quadruplicar a motivação das pessoas. Porém, lembre-se de que você não é onipresente. É melhor indicar aos outros profissionais aquilo que sua experiência não contempla do que entregar um trabalho pífio.

Ao formar novos treinadores, reforço que *recall* é a maior prova de que caminharam bem em território alheio. Quem participou como orador numa convenção e jamais foi convidado a voltar nos anos seguintes, deixou três possibilidades.

- Durante o tempo que teve para envolver e fortalecer o comprometimento dos colaboradores, "colocou o dedo onde não era chamado". Mesmo que tenha sido convidado a fazê-lo, faltou sensibilidade para negociar neutralidade;
- "Protegeu" determinada parte da audiência, em detrimento de outra, por supor que naquele instante um grupo era superior ao outro e ignorar que até o final do evento, como num jogo, tudo pode mudar;
- A atenção de quem treina deverá destinar-se aos resultados individuais, ainda que tenha fechado evento para centenas. O palestrante pode dar um show ou ministrar um evento e existe uma diferença abismal entre os dois. Show prevê aplausos que terão impacto naquele rápido instante, e evento de relevante conteúdo culmina em resultados inesquecíveis.

Entregar menos que o combinado é lamentável. Cumprir o *script* de contratação é mediano. Superar expectativas representa garantia de negócios futuros com o mesmo cliente.

Sacóvisky?

É isso!

Capítulo 6

PROCRASTINAR PODE SER SAUDÁVEL

Prof. Massaru Ogata

Procrastinação não é exatamente um comportamento tão inadequado quanto nos ensinaram. O ser humano que consegue selecionar "o que e por que" adiar, alcançará enorme equilíbrio emocional.

Existe uma natural tendência de adiar ações que levam ao sucesso. Na maioria das ocasiões, de forma natural e consciente, por menos que admitam, procrastinadores sabem exatamente o que e porque estão adiando as coisas.

Abandonar o cigarro é exemplo clássico. Em condição consciente, quem fuma sabe dos males, mas imagina que ao largar, lançaria mão de algo que gosta. Seu inconsciente se encarrega do pensamento utópico:

— Sem cigarro eu não consigo relaxar!

— O cigarro me ajuda a superar momentos de raiva e tristeza!

— Como eu viveria sem cigarro?

Quase todos os fumantes afirmam que parar é fácil e difícil mesmo é dissociar. O que fazer depois do cafezinho, da refeição, da relação sexual ou do simples hábito de ligar o carro?

É Isso!

Reparem que fumantes inveterados, em geral, não gostam de programas fechados, como cinema e teatro, pois calculam que ficarão privadas do vício por duas horas. A procrastinação funciona como uma bomba-relógio para fumantes. Cada semana adiada aproxima mais a pessoa da morte ou das doenças relacionadas ao tabagismo.

Demonstrada a prática de adiar que é nociva, em contraponto existe um formato de procrastinação que faz bem à saúde física e emocional.

Procrastinar o sofrimento é saudável.

Felizes daqueles que são incorrigivelmente procrastinadores de sofrimento e natos imediatistas nas ações que guiam ao sucesso.

Não se deve confundir procrastinação saudável com irresponsabilidade. Uma conta a ser paga dentro de 20 dias requer organização e educação financeira. O relatório que tem prazo deve ser cumprido e ponto final.

Existe quem adoeça sem motivo aparente e deixe médicos confusos, por nada encontrarem. Batizei essa enfermidade como "síndrome da capacidade procrastinada". A pessoa adiou algo que faria bem e foi fisicamente castigada. Em geral, leva muito tempo para descobrir que o carrasco em questão foi ela própria. Afinal, grandes batalhas íntimas ocorrem no mais profundo silêncio. Estas pessoas engolem raiva e frustração, sem saber que estão armazenando emoções que deveriam ser passageiras.

Fomos programados para lidar e ter contato com a raiva ou a frustração, mas não temos espaço para estocá-la, e se insistirmos serão armazenadas em nosso espaço saudável, como se abríssemos um portal para doenças.

Ferida exposta e sem cuidados pode inflamar. Não haveria de ser diferente com emoções desfavoráveis que sentimos ou guardamos.

Proponho uma tabela comparativa para refletir acerca do que é bom ou ruim de procrastinar.

Relações	P = Procrastine e A = Acumule	Procrastinação nada saudável para cada área da vida
Amigos	P = O julgamento, sob quaisquer circunstâncias	Escutar os semelhantes com o coração aberto
Amor	P= Discutir a relação (DR)	Dar e receber

Prof. Massaru Ogata

Artes	A= Manter vivo o desejo de achar uma veia artística, musical, etc.	Ignorar qualquer processo criativo, como se não lhe pertencesse
Carreira	A= O desejo de estudar sempre, acadêmica e alternativamente	A leitura, os treinamentos, a ambição e, principalmente, o sorriso
Disciplina	A= Disposição para velhos e novos sonhos	Confundi-la com comprometimento, pois são diferentes...
Contas a pagar	A= Prazer em saldá-las, pois pagamos para ser, crescer e conquistar	Educar-se financeiramente
Ecologia	A = Ter contato com flora e fauna, visitar a mãe natureza	Evitar a natureza e encontrar beleza apenas na tecnologia
Família	P = As eternas e desnecessárias discussões	A vontade diária de dizer "eu te amo" silenciada por qualquer razão
Lazer	A = Sorrir sem economia e divertir-se como criança	Envelhecer precocemente
Política	A = Pesquisar passado e futuro da nação e dos candidatos	Reclamar da situação, mas deixar que "outros" decidam
Religiosidade	A = Respeito a cada crença e até a ausência dela, se for o caso	Supor que sua crença o torna melhor ou mais "correto (a)"
Rotina	P = Dar chances para que ela lidere sua vida	Decidir que a partir de segunda se verá livre dela...
Saúde emocional	A = Despreocupar-se com o que pensam de você	Engolir raiva, frustração, medo e fracasso
Saúde física	A = *Check-up* anual	Ingerir remédios e substâncias por conta própria
Sociedade	A = Manter a fé em seu povo, sua cidade e sua nação	Acompanhar a maioria sem questionar-se ou educar-se

Volte a ler a tabela, sem pressa. Compare, critique-se sobre algumas questões e parabenize-se por outras. Adiante, surgirão outras percepções para os mesmos temas de hoje. Eu não me surpreenderia se neste exato instante, ao examiná-la outra vez, você descobrisse que já adquiriu uma nova percepção.

É Isso!

Assim como a procrastinação pode ser saudável, fica patente que o acúmulo emocional pode ser deveras útil, desde que encontremos equilíbrio entre o que pode ou deve ser adiado e acumulado. Dosar esse equilíbrio nas escolhas é um caminho positivo que denota pouco esforço comportamental e muito vigor disciplinar.

Síndrome da capacidade procrastinada

Chegou o momento de detalhar um pouco mais sobre o que batizei dessa forma. A ideia não é apresentar uma nova patologia, afinal não escolhi o campo da medicina. Optei por transformar vidas como treinador comportamental, embora as pesquisas médicas sempre tenham representado em minha vida uma prazerosa atividade. Mas nesta etapa da reflexão, o que eu desejo mesmo é despertar a porção adormecida de nosso potencial.

Ao somar instinto e razão, surge a fusão entre duas poderosas armas combinadas que conferem ao ser humano a possibilidade de 100% de eficiência. As pessoas nascem com este perfil criador-pensador, e algumas deixam para criar outro dia, alegando que precisam cumprir "o que é necessário" e outras se tornam reféns das circunstâncias, imprimem menos garra do que possuem em estoque, esperando que amanhã poderão fazer melhor. A parte mais indigesta disso é que nos limitamos por influências, pasmem, não externas, mas internas. Não é a crise do mercado que nos amarra. É a síndrome da capacidade procrastinada. Ou seja, sabemos que somos capazes e adiamos. Esta síndrome levou verdadeiros gênios a duvidarem dos "absurdos" que suas mentes propunham, em formato de tese, ideia, imaginação, devaneio, sonho, utopia ou qualquer definição que os caros amigos leitores prefiram.

A maior chance de sobrepujar a SCP – vamos abreviar – é a reflexão. Não há fármacos que possam tratá-la. Ao refletir, naturalmente convocamos o mais eficiente soldado que dispomos para a "guerra", e a mera presença desse soldado é suficiente para transformar guerra em vida. Não precisamos mais usar ditados populares como "estou matando um leão por dia". A vida só será uma insuportável luta se quisermos.

Enquanto a pessoa considerar que a segunda-feira é seu pesadelo laboral e a sexta-feira, sua libertação de alma, viveremos uma sociedade de vítimas, composta por pessoas que só se sentem felizes durante o final de semana, que se imaginam desventuradas por seu péssimo salário ou seus patrões injustos.

Prof. Massaru Ogata

Para elas, a procrastinação passa a ser quase uma lei em suas vidas. Qualquer atividade que gere exaustão física ou emocional aquém na rotina, ainda que para o seu próprio bem, é inadvertidamente adiada.

Tem faltado tesão para o trabalho.

Tem faltado reflexão comportamental diária.

Tem faltado compreensão de forma ampla e generalizada.

Tem sobrado procrastinação em áreas que deveriam ser pontuais.

Para finalizar, a melhor de todas as notícias:

Tem sobrado amor. Nunca em nossa história evitamos tanto procrastinar o mais poderoso de todos os sentimentos. Resta apenas encontrar equilíbrio entre amor e outros relevantes critérios. Não adianta sobrar amor, se deixarmos para amanhã exercícios que deveríamos praticar hoje, como ética, compreensão, generosidade, cidadania, lealdade, disciplina e determinação, sem os quais amor algum se sustenta.

É isso!

Capítulo 7

SONHOS POSSÍVEIS E DEVANEIOS COMO DISCERNIR

Prof. Massaru Ogata

— Se eu ganhasse na loteria, todos os problemas se resolveriam!

Na década de 1970, eu me recordo de Oswald de Souza a disparar cálculos desanimadores sobre a baixa possibilidade de um sortudo destacar-se entre milhões de apostas.

De maneira satírica, as pessoas repetem tanto algo dessa natureza que, aos poucos, começam a acreditar que apenas muito dinheiro daria um jeito em suas necessidades. A vida se divide em muitos setores e vicissitudes. O financeiro, em tese, deveria ser apenas mais um. Na prática, não é o que acontece.

Quando crianças, tínhamos medo do bicho papão, do suposto monstro que morava sob a cama ou dentro do armário e quem sabe até de uma Cuca aqui ou um Saci acolá. Nunca acreditamos de verdade em nossos fantasmas. No fundo, sabíamos dos nossos devaneios de criança. Mas, era ótimo alimentá-los. Bastava dizer que estávamos com medo e vinha de lá um prazeroso abraço da mamãe, do papai, de uma irmã mais velha.

O tempo passou e, para muitos, os monstros ganharam novos nomes: finanças, fracasso, depressão, medo, insegurança, frustração, reprovação.

É Isso!

Muitas crianças sonhavam se tornar pilotos de avião. Faziam os adultos comprarem aviões de plástico para ensaiar as primeiras horas de voo. Mais tarde, racionais, adultos e ranzinzas, esse sonho dá lugar ao pesadelo de administrar finanças para não falir, ao medo de fracassar e deprimir-se, ao temor de ser abandonado à própria sorte pelas pessoas próximas. Diante de tudo isso, é difícil manter a segurança e fortalecer a autoestima para investir em novos sonhos.

Entre as percepções que ligam os fantasmas de hoje aos de ontem, na maioria das ocasiões, tudo não passa de um pessimista posicionamento neurológico, fomentado por crenças limitantes que aprendemos, reafirmamos e eternizamos, sem perceber.

A sensação de que o pior pode acontecer é um devaneio estrategicamente criado pelo cérebro para alertar que nossas atitudes estão letárgicas. Quando o cérebro percebe que paramos, cria cenários fantasmagóricos, nos faz imaginar perdas, derrotas e sofrimento para pedir movimentação. Como é formada por várias vertentes opinantes, uma segunda parte do cérebro irrompe para discordar e frear o comando inicial de movimentação. Esse desacordo que acontece entre as porções lógica e emocional culmina na palavra dilema.

Os desenhos animados, principalmente das décadas de 70 e 80, ressaltavam bem estes dilemas, inserindo um anjo e um diabinho sobre cada ombro da personagem, influenciando positiva e negativamente, assim como nós fazemos, na vida real, com extrema habilidade para ouvir o que vai dar errado e pouca capacidade de ouvir o que vai dar certo.

Mecanismos cerebrais são perfeitos. Permitem raciocínios além da dualidade e várias partes de nós podem se conflitar. Verdadeiras equações são formadas em milionésimos de segundos para fazer frente à decisão que exija imediatismo ou preciosismo e tudo acontece de modo imperceptível.

Através do lado direito, emocional, nossa máquina cerebral parece ter sido criada para não perder tempo com decisões já tomadas, afinal outra gama de novas escolhas aguarda em fila. A porção esquerda do cérebro, consciente e crítica, nos faz relutar na aceitação das escolhas feitas. A pessoa entende que a escolha foi a melhor e mesmo assim, uma incômoda voz interna instiga a dúvida.

— E se eu tivesse feito da outra forma, será que o resultado não seria ainda melhor?

Prof. Massaru Ogata

Quando adotamos a pior escolha, tendemos a ouvir a voz interna da reprimenda, punitiva e irritante, quem sabe uma versão atualizada da reprimenda que tínhamos no passado: a voz dos pais a dizer que fizemos algo errado.

Reatamos laços com as críticas que escutamos durante infância e adolescência. A diferença é que os pais sabiam a "hora de parar" e tiravam o pé do acelerador quando aferiam que estavam cobrando demais. Nós, adultos e críticos, desconhecemos os limites, nos cobramos e punimos sem piedade, abrindo uma grande porta para males vampirescos do desequilíbrio emocional, como depressão e outros transtornos.

Antes que a vida seja sequestrada por uma inspiração negativa, originada pela pessoa mais confiável do mundo, você, preste atenção em algo demasiado importante: aprenda a administrar os devaneios neurológicos, assuma o controle do cérebro e use o imenso potencial do órgão a seu favor, jamais contra. Sonho se realiza, e devaneio se interpreta e abandona.

O cérebro humano é como uma arma presenteada para atirar nos vilões que se aproximam de você, como tristeza, depressão profunda e ansiedade. O problema é usar a arma para atirar na alegria, na motivação e na qualidade de vida.

Na mesma analogia, alguns preferem manter a arma travada. Não atiram contra vilões, não disparam contra mocinhos. Passam a vida sem saber o que é bom ou ruim. Sobrevivem torcendo para que esse dia acabe logo e comece outro, numa repetição que pode resultar em patologias sérias e inevitáveis.

Eis a proposta deste capítulo. Sugerir que você volte a sonhar, porque os sonhos são as melhores armas que recebeu como presente por ser humano.

Quais eram os seus sonhos de criança? Alguns se tornaram devaneios e aos que sobraram, chegou o momento de parar de prometer e agir.

Alguns colegas de profissão poderiam ficar escandalizados com a declaração que farei agora, afinal a matéria criada por Richard Bandler e John Thomas Grinder, a PNL, dita que qualquer pessoa pode realizar a tarefa que outra realiza. Os especialistas do setor se esquecem do mais importante: sem preparo é impossível. Motivação é um dos combustíveis para realização dos sonhos, mas existem incontáveis fatores técnicos e lúdicos que merecem atenção. Quem jamais treinou para ser piloto,

É Isso!

provavelmente não o será. Com 1,70 m de estatura, quem não jogou basquete até os 30 anos, dificilmente será cestinha de uma grande equipe aos 40. A chance é quase tão remota quanto a citação que fiz acerca da loteria, no início do capítulo.

Não há nenhum problema em sonhar com realizações difíceis, desde que não se lance mão dos sonhos reais para viver tentadores devaneios. Observe sua idade, perdoe-se por aquele sonho que tinha aos 13 e até hoje não deu um passo para realizar. Adote cuidados contra duas interpretações nocivas.

1. Eu tinha sonhos quando criança. Hoje não tenho mais tempo para essas coisas!

Abandonar sonhos é como promover orfandade emocional. Sonhos precisam de pais para educar, cobrar e orientar. A decisão de sobreviver e deixar um rastro de sonhos e frustrações para trás, compromete as células saudáveis e a produção de hormônios garantidores da boa saúde.

Cirurgia plástica ajuda a embalar a parte externa. Do lado de dentro, sem uso, músculos responsáveis pelo sorriso condutor das alegrias atrofiam, irreparáveis.

Permita-se sonhar como fazia nos tempos da infância. A criança que vive dentro de nós jamais morre, no máximo hiberna.

2. Tenho um sonho e, assim que realizar, minha vida será outra!

Aspectos físicos e emocionais que acompanham o crescimento evoluem conforme a geração. Nos meus tempos de adolescente, muito diferente dos tempos atuais, as garotas iniciavam o ciclo menstrual aos 16, enquanto os garotos, franzinos, se tornavam púberes lá pelos 15. A evolução trouxe mudanças físicas às novas gerações e adaptações emocionais também vieram a cargo, convidando pais e filhos a pensarem sobre os sonhos. Quem costuma dizer essa frase dependente não repara que de alguma forma, já abandonou o sonho e não pretende mais realizá-lo, e um resquício de consciência aponta que ainda não foi realizado. Sem dar um passo, corre-se o risco de ver o tempo passar, a velhice chegar, os filhos se casarem, até que um dia dirá:

— Estou velho demais para realizar o sonho que teria mudado minha vida!

Em outra reflexão, o sonho que ao longo da vida não contou com um passo em busca da realização, talvez tenha se transformado num devaneio intangível. Mesmo considerando que não será indolor, talvez seja o

Prof. Massaru Ogata

caso de entender o sonho por trás do sonho. Por exemplo:

A esposa experimenta o décimo ano de um casamento, até ali, sem filhos. Ela nutre o sonho de reformar a casa usada que compraram com dificuldade. Este sonho tornou-se motivo de brigas constantes com o maridão, que prefere não investir na reforma. Talvez o sonho dela seja um atalho para o sonho real, que é ter um bebê, pois a reforma aumentaria a casa. A reforma, neste caso, é um devaneio de atalho. A esposa luta para realizá-lo porque entende que será mais fácil o marido concordar com a reforma, do que concordar em ser pai.

O exemplo registra uma lição peculiar. Seja qual for o sonho, as pessoas intimamente ligadas merecem saber, podem ajudar na obtenção e, melhor que isso, quiçá tenham um sonho comum, sendo que um não conta para o outro por medo da reação, da rejeição e até da aceitação. Sim, é isso mesmo. Quando nos aproximamos muito da realização do sonho, um medo se instala, uma parte de nós entende que agora vai. Surge a necessidade de aprender a viver conforme aquilo que sempre sonhou e haverá de abandonar a mesmice comportamental que viveu até ali.

O maior de todos os desafios é enterrar devaneios antigos e abrir espaço no coração para os verdadeiros sonhos se apresentarem e se realizarem. Quem desejar muito, entrar em ação, imprimir disciplina e não hesitar vai obtê-los. De minha parte, como treinador comportamental, posso dizer que realizei muitos sonhos. Talvez este exemplar que está em suas mãos seja objeto de pesquisa para a posteridade ou envelheça em algum baú de seus avós. Em qualquer das hipóteses, estarei realizado. O próximo sonho é escrever o livro – "O homem que treinava treinadores", e estou em movimento.

Quem disse que depois dos 70 não se deve listar e perseguir novos sonhos?

É isso!

Capítulo 8

E UM DIA, EU FINALMENTE APRENDI...

Prof. Massaru Ogata

"...começa a aceitar suas derrotas com cabeça erguida e olhos adiante, com a graça de um adulto, e não com a tristeza de uma criança." – trecho do texto *Um dia você aprende*, atribuído a William Shakespeare.

Durante uma formação de liderança, pelos idos finais dos anos 80, tive como colega o diretor de recursos humanos de uma conhecida instituição financeira, até hoje uma das mais sólidas do mundo. Vamos chamá-lo de Dr. Paulo, para preservar sua identidade. Naquelas conversas de bastidores, durante demorados almoços e jantares da semana de imersão, trocamos muitas ideias.

Ele compartilhava suas experiências profissionais no banco, muito ricas em conteúdo, e eu dividia as minhas, na Johnson & Johnson, que tinham como cenário a área de treinamento e desenvolvimento de recursos humanos.

Numa dessas conversas, disse a ele que estava me preparando para ser consultor de treinamentos, sonho que acalentava desde que era vendedor propagandista.

Segui minha narrativa e disse que em alguns finais de semana, ministrava cursos de expressão verbal e treinamentos comportamentais, que aconteciam numa associação de treinadores.

É Isso!

Não eram eventos remunerados. Eu aceitava a gratuidade para acumular experiência, que pretendia usar em oportunidades futuras, quando me tornasse profissional desse tipo de treinamento, em "voo solo", fora da empresa na qual trabalhava.

Dr. Paulo se entusiasmou e me convidou para ministrar um treinamento ao seu grupo de 17 treinadores regionais do banco, que já estavam, simultaneamente, em outro treinamento naqueles dias.

Como ainda atuava em regime CLT, eu comentei que o evento deveria acontecer em um final de semana. Cada treinador deste grupo vinha de uma diferente região do país e alguns deles precisariam vencer muitos quilômetros para estarem conosco. Naturalmente, também estavam com saudades de casa e decerto, cansados pelo tipo de treinamento técnico que estavam recebendo.

Ocorre que Dr. Paulo era o diretor da área de recursos humanos e ordenou à gerente nacional de treinamento que convocasse todos os dezessete treinadores, retendo-os naquele mesmo final de semana, para o que ele próprio batizou como o "treinamento com um especialista da área". Na argumentação final, ele disse que todos teriam muito a aprender.

Os prezados leitores já devem ter percebido, portanto, que o meu treinamento foi para eles uma imposição, e agora vou narrar a pior parte deste evento.

Eu só saberia desses detalhes adiante. Embora o caráter de obrigatoriedade tivesse se estabelecido, Dr. Paulo me disse que o grupo estava motivado para o meu curso, e que eu contaria com o apoio irrestrito da gerente nacional de treinamentos.

Fui para o hotel, em Águas de Lindoia, na sexta-feira, após o final de meu expediente em São Paulo. O treinamento aconteceria durante todo o dia de sábado e finalizaria no domingo, no horário de almoço.

Ao cair da tarde, eu já estava na recepção do hotel. Os participantes do meu evento estavam em reunião, finalizando seu treinamento técnico.

Fiquei no saguão, à espera da gerente de treinamento, indicada por Dr. Paulo, conforme a orientação que recebi dele. Quando finalmente foram liberados, os participantes passaram rapidamente por mim e apenas um ou outro me cumprimentou. O clima estava tenso.

Durante o jantar desta mesma noite, apenas a gerente conversou comigo e eu fiquei preocupado. Aquela animosidade não era normal.

Prof. Massaru Ogata

Na Johnson & Johnson, eu ministrava treinamentos que duravam trinta dias, para novos propagandistas vendedores. Nessas ocasiões, como eram iniciantes, a competência individual também era ainda incipiente, mas o nível de motivação para aprender era sempre alto. Sem exceção, os participantes dos meus eventos ficavam extremamente motivados e comprometidos, talvez porque já me conhecessem, no mínimo de nome.

Na ocasião dessa turma do banco, para o treinamento que seria na manhã seguinte, eu não sentia a mínima motivação entre os presentes.

Manhã de sábado, começamos o evento. Aliás, "começamos"?

Como percebi o grupo tenso, contei uma anedota muito engraçada, que fazia o maior sucesso em meus treinamentos, mas não neste dia. Até hoje, adoro trabalhar com bom humor, por que acredito que as risadas geram um clima até mesmo neurológico de aproximação, que em PNL chamamos de *rapport*, palavra francesa que significa "empatia".

Imagine a situação: começo um treinamento, tiro uma piada da cartola e, praticamente, ninguém ri. Uma sensação de ridículo se apoderou de mim. Fiquei literalmente perdido logo de início, mas continuei com o cronograma do treinamento que havia elaborado.

O próximo passo foi um exercício de sensibilização. Ao contrário do que eu esperava, o grupo todo se aprofundou de uma forma totalmente inesperada. Nunca havia presenciado um surto emocional coletivo até aquele instante. Choravam sem parar, soluçavam, e alguns se abraçavam, buscando apoio mútuo.

Como eu nunca tinha passado por isso, quis chamar a atenção do grupo para que analisássemos a vivência e pudéssemos depreender aprendizagens para a vida. Tecnicamente, eu estava mudando de forma abrupta os hemisférios cerebrais, dos sentimentos à razão, sem a devida preparação, o que hoje chamamos de quebra de estado.

Naquele momento, senti que perdia definitivamente o grupo, pois ficaram furiosos pela minha falta de consideração e sensibilidade no trato das emoções. Aos olhos da turma, foi como se eu "ignorasse" o momento de profunda imersão emocional de cada um.

Nessa época, eu estava ainda engatinhando como especialista em PNL. Segundo os próprios participantes: "Como pude colocá-los naquele estado de profunda comoção e não 'tratar'"?

É Isso!

Em analogia, como pude abrir uma grande ferida e depois não fazer nenhum curativo, deixando-a aberta ou, quem sabe, até sangrando?

No impasse, cheguei a dizer ao grupo que se o desconforto era tamanho, eu poderia encerrar ali mesmo o treinamento, com o meu humilde pedido de desculpas pelo acontecido. Afirmei ainda que explicaria ao Dr. Paulo o ocorrido, cuja consequência tinha sido a minha inépcia. Mas, estranhamente, eles me disseram, quase de forma unânime:

— Já que perdemos o final de semana, vamos todos juntos, fazer deste limão uma limonada!

Não preciso dizer que o cronograma do treinamento foi mera obrigação de cumprir a carga horária que o Dr. Paulo havia "negociado" conosco.

Jamais havia encarado um público com tão pouca vontade de estar ali. O final do treinamento, em vez do ápice de um Bolero de Ravel, foi a maior evidência do retumbante fracasso que um treinador comportamental, em início de carreira, possa vivenciar.

A pá de cal foi a avaliação (ou trucidação) do treinamento, para medir o grau de satisfação e nível de aprendizagem obtido.

Quando todos estavam no restaurante para o almoço final, apressados para o *check-out* do hotel, exaustos após uma semana inteira de eventos e com um ônibus especial à espera, a gerente de treinamentos me mostrou o resultado dessas avaliações. Considerando notas de 0 a 10, a maior parte apontou nota 5.

Um ou outro participante, generosamente, me deu nota superior. No rodapé da avaliação, tinha espaço para comentários. Observei críticas e mais críticas em relação à metodologia e condução do treinador, e alguns elogios quanto ao conteúdo e às técnicas de oratória.

Águas de Lindoia é uma cidade turística, com muitas colinas e esplêndida rede hoteleira. Estávamos em um hotel horizontal, bem no alto de uma dessas colinas. Ao ir embora, no sopé da colina, de dentro do meu carro, vi todo o grupo entrando no ônibus, acondicionando suas bagagens e materiais de treinamento.

Intimamente, acumulara até ali uma grande tensão, um estresse assolava minha fisiologia, detonando minhas emoções. Senti tudo ao mesmo tempo; um misto entre o alívio por ter acabado aquele pesadelo, a tristeza pela desaprovação quase generalizada e, convenha-

Prof. Massaru Ogata

mos, muito justa, e, por fim, a frustração por não ter algum poder de reserva que me garantisse uma saída diante de tantas adversidades.

Em outra análise, senti alívio por saber que ainda tinha o meu cargo na Johnson & Johnson, tristeza pela fantasmagórica companhia da rejeição e finalmente, frustração por experimentar a crença limitante de que fracassara em um primeiro episódio de surto psicológico na audiência. Em suma, não estava preparado e depois, perceberia que não era só uma crença. Era um fato.

Quando cheguei ao recôndito do lar, que me pareceu naquele momento uma caverna onde poderia "me esconder", a esposa aguardava com toda a sua expectativa e torcida para saber do resultado desse treinamento, que eu tinha colocado como um grande desafio, afinal encontraria colegas treinadores de ramos diferentes.

Falar para ela sobre o que tinha acontecido, em mínimos detalhes e sentimentos, foi um bálsamo. Ela me ouviu em silêncio. Em momento algum, teceu qualquer comentário, positivo ou negativo, mesmo quando a narrativa estava escorregando pelo vão da autopiedade.

Quando concluí o relato, disse para ela que o sonho de ser treinador comportamental em minha empresa estava muito longe da realização, que estava iludido em me achar preparado para enfrentar o mercado, e que deveria mesmo desistir.

Minha esposa agiu como autêntica *coach*[1] e se esforçou para me conscientizar sobre a busca da evolução contínua, para que eu pudesse sair desse ponto a e ir ao ponto b, que era o meu sonho. E considerou:

— Ok, mesmo que você defina a experiência como um grande fracasso, o que é possível aprender disso tudo? – E foi mais longe. — O que você precisa de recursos para ser melhor em seus treinamentos?

Ela fez as perguntas certas. Deixei de lado qualquer presunção que o cargo de gerente na multinacional pudesse sugerir, abracei a humildade e fui buscar.

O melhor momento de errar é quando existe tempo para remediar. E eu ainda era jovem. Estava disposto a pagar o preço.

Ao procurar mais aprendizagem, outro episódio marcaria, de forma indelével, minha carreira como treinador.

1 *Coaching* é um processo amparado por técnicas, exercícios e perguntas estratégicas. Baseia-se no acordo entre o *coach* (profissional) e o *coachee* (cliente) para atingir objetivos, metas e sonhos.

É Isso!

Pela primeira vez, fiz uma parceria, que a princípio me pareceu muito promissora, com outras instituições de treinamento, em Salvador, por indicação de um empresário do mesmo setor.

O projeto foi divulgado, primeiramente, através de rádios e jornais, além de alguns *outdoors* expostos em pontos estratégicos pela cidade. A estratégia consistia em oferecer uma primeira aula gratuita sobre motivação e alta performance. O número de inscritos totalizava 240, mas o ideal seria ter 400, segundo o parceiro organizador.

Os participantes da aula inaugural gratuita preenchiam as fichas do curso com seus dados de contato. Na época, não existiam redes sociais ou *mailing*, de modo que o fechamento das inscrições para o curso acontecia via venda direta ou telemarketing. Foram contratadas quatro pessoas, e na sede das instituições parceiras, iniciou-se uma verdadeira maratona de telefonemas durante cinco dias. O treinamento ocorreria uma semana depois, à noite, num centro de eventos em Salvador, a Casa do Comércio. A carga totalizaria quinze horas; duas horas da primeira aula livres de cobrança e as demais treze, divididas em quatro noites, neste caso, remuneradas.

Como deveria ficar em Salvador durante aqueles dez dias de planejamento e execução, para não ficar ocioso no hotel, acompanhei a maratona das inscrições. As despesas estavam ficando altas. Precisaríamos de no mínimo oitenta pagantes, com tabela cheia, para chegar ao "ponto de corte", ou seja, ao empate técnico diante das despesas. O excedente dessa quantidade representaria os possíveis lucros da operação.

O que aconteceu a seguir me pareceu espantoso e inusitado. Os operadores de telemarketing estavam oferecendo o curso como se fosse um par de chinelos, com descontos e prazos completamente fora de propósito e tinham a anuência do empresário parceiro neste evento.

Senti que o meu trabalho estava sendo banalizado e que vendiam o treinamento como se estivessem vendendo ingressos para uma festa. Com muito esforço, conseguimos confirmar oitenta participantes, quantidade que mal cobria os custos do evento, devido aos infindáveis descontos cedidos ao longo das negociações.

Do ponto de vista comercial, a operação foi um fiasco. Felizmente, tivemos apoio empresarial e o parceiro conseguiu cobrir as despesas básicas e logísticas, além das despesas prévias com propaganda e materiais gráficos.

Prof. Massaru Ogata

Voltei para São Paulo, sem ganhar absolutamente nada. Investi dez dias de minhas férias corporativas nessa empreitada, longe da família, e mais uma vez, a dúvida sobre quão longe estaria do sucesso como empresário de treinamentos me sondou.

Algumas reflexões de bastidores geraram aprendizado sobre essa frustrante vivência.

Faltou tino comercial. O evento aconteceu em julho de 1990, seis meses depois da era Collor, quando o governo confiscara a poupança dos cidadãos em todo o país, portanto a população estava muito apreensiva, preocupada com dinheiro, e certamente, hesitaria ao investir em treinamento. No mínimo, poderíamos ter pensado em problemas potenciais advindos desse acontecimento, não por pessimismo, mas como mera questão de análise do *timing*, tão fundamental na definição de um treinamento.

Ninguém me conhecia como treinador. Treinamentos que envolviam PNL e atividades experienciais com dinâmicas de grupo, eram ainda raros no meio empresarial e também nos cursos livres, frequentados por contratantes pessoas físicas.

Poderíamos ter adotado medidas mais preventivas, como a possibilidade de transferir o evento para outra data ou realizá-lo em São Paulo, evitando o montante de despesas e o desgaste.

Em PNL, classificamos as afirmações básicas como pressupostos. Nestas experiências, o pressuposto "não existe fracasso e sim resultados" resume bem o que aconteceu.

As duas lições mudaram para sempre a minha carreira como treinador comportamental, palestrante motivacional, *coach* e *head trainer* de treinamentos livres de alto impacto. E vale registrar o aprendizado que ficou, para que outros saibam como enfrentá-las.

A lição número um, aprendida pela dor, com os treinadores da instituição financeira, mostra a necessidade de reciclar-se e reinventar-se constantemente. Aos 70 anos, eu ainda tomo assento, como aluno, nas cadeiras dos jovens treinadores comportamentais que surgem no mercado, dentro e fora do Brasil. Ao fazê-lo, não uso da gabolice de tomar a atenção do evento ou nada parecido. Sento-me ali, quietinho, para aprender, como fazia no início da carreira e farei até o final dela.

Depois desse evento, eu "me prometi" que jamais perderia em uma au-

É Isso!

diência, e assim o fiz. Tive, e felizmente ainda tenho, a felicidade de ser contratado, com frequência, pelas maiores empresas do país, e os fantasmas do insucesso desapareceram de vez da minha vida, tornando-se apenas uma experiência e, por ser assim, está aqui dividida, pois acredito que os erros são capazes de ensinar uma pessoa, um bairro, uma cidade, um país.

A lição número dois, aprendida por meio do "telemarketing" e da parceria:

Para realizar um evento, é necessário promover exaustivo planejamento estratégico, que inclui etapas importantíssimas:

- O momento financeiro e emocional das pessoas e do mercado;
- O entendimento sobre o conteúdo programático em relação à região onde será ministrado;
- A análise dos custos de divulgação, hotelaria, logística e apoio;
- A certeza, sem nenhuma margem para hesitação, de que estão incutidas, em cada passo, congruência e ética, para que o treinamento não seja vendido como um par de chinelos;
- A escolha cuidadosa sobre a data de realização pretendida, visando o tempo hábil para a divulgação tranquila;
- Para finalizar, afirmo que é de imprescindível necessidade conhecer bem o aliado que surgir pelo caminho para dividir o palco.

O nome é o maior tesouro a carregar durante a carreira, e o mercado de treinamentos não costuma perdoar escolhas erradas.

Sou mentor do IFT, Instituto de Formação de Treinadores, um programa que criei para legar à sociedade, através da nova geração de treinadores que passam pelo nosso instituto, um conhecimento nobre.

É um programa exclusivo e seletivo, com critérios éticos a serem preenchidos entre os inscritos e somente se eles passarem pela entrevista seletiva poderão participar.

O excesso de zelo tem como objetivo garantir a certeza de que estou formando profissionais alinhados com a missão de fazer a diferença, de contribuir para um mundo melhor, desenvolver o melhor das pessoas e, principalmente, a certeza de que estamos formando treinadores comportamentais felizes porque amam o que fazem e não apenas pelo dinheiro que se possa conseguir com essa honrável profissão.

É isso!

Capítulo 9

O SUCESSO É COMO OS DISCOS ANTIGOS: TEM LADO "B"

Prof. Massaru Ogata

É possível assistir a um filme com excelente resolução no sofá de casa. Nas décadas anteriores, comemorávamos quando a imagem era reproduzida com sucesso do início ao fim do vídeo, e não era raro perder a última cena por que a fita do vídeo estava estragada.

Essa falta de qualidade nos fazia sair de casa. Somente no cinema, a imagem e o áudio do filme eram "perfeitos". As pessoas eram mais românticas, passeavam de mãos dadas, com direito a cinema e pipoca; coisas simples da vida cotidiana que dão um prazer imenso e amenizam o impacto psicológico da correria que o mundo dos negócios gera.

Cresci acompanhando o sucesso do disco de vinil. Na época, era romanticamente conhecido como LP, ou *long play*. Embora tenha sido febre na década de 50 e se tornado obsoleto em meados dos anos 90, foi entre os anos 60 e 80 que este formato se tornou sensação. Os mais apaixonados por esses discos ainda preservam seus aparelhos de som antiquíssimos. Difícil mesmo era preservar os discos, feitos de um PVC muito sensível, sem riscos.

Algumas vezes, a Lei de Murphy prevalecia. O rapaz levava a na-

É Isso!

morada para casa, tocava o disco de vinil mais romântico que tinha no acervo, e, todo pomposo, pegava a moça para dançarem juntos. Quando o clima estava ficando bom, a agulha enroscava, pulava ou travava em algum risco. Também acontecia de o lado "A" acabar, fazendo o rapaz quebrar o clima e inverter o disco. Daí a expressão "vire o disco", usada até hoje quando as pessoas agem de maneira repetitiva.

Nas danceterias, DJ de sucesso era aquele que conseguia tocar uma sequência de 50 minutos sem falhas na audição. Quando o danado do disco emperrava, a turma que estava dançando na pista vaiava em altos brados. Aliás, torcia-se para falhar, já era parte do ritual.

São lembranças de um tempo, nem melhor, nem pior, apenas diferente. Quase tudo que era analógico foi questionado por sua ineficiência e, inevitavelmente, cedeu lugar ao digital e suas indiscutíveis vantagens tecnológicas.

Neste capítulo, quero fazer uma analogia entre os tempos antigos e os modernos.

O disco de vinil tinha dois lados. Foi substituído pelo disco de único lado, que não precisava ser virado para tocar o "lado B".

As gravadoras adotavam uma estratégia para vender os discos: no lado "A", eram incutidas as músicas comerciais, aquelas que já estavam decoradas, na boca do povo. No lado "B", estavam as músicas que os artistas interpretavam e, por qualquer razão, não se tornavam tão populares. Criou-se a crença popular de que "só o lado A" dos discos era bom.

Sempre costumo dizer, até hoje, e com base em pesquisas realizadas com método e profissionalismo, que existem 5% de Alphas espalhados pelo mundo. E por Alpha, entenda-se a pessoa próspera, que faz significativa diferença em sua área de atuação, na família e na sociedade em que vive.

Assim acontece desde a década de 1950. Uma minoria comprava os discos e não acreditava na opinião da crítica, de que apenas o lado "A" era bom. Essas pessoas mergulhavam na audição das músicas do lado "B" e descobriam os maiores tesouros da música popular brasileira.

Eis aí a analogia. Imagine que a vida represente um vinil de dois lados e você esteja no lado "B". Mesmo que tenha imenso potencial para o sucesso, duas opções se tornam possíveis:

Prof. Massaru Ogata

1) Esperar pacientemente que 5% da população nacional, dotada de visão diferenciada, encontre você nessa posição menos privilegiada;
2) Provar que faz parte desses 5%, assumir aquilo que, para muitas pessoas, é o mais doloroso compromisso, vender-se.

Tendo dedicado mais de 30 anos à evolução do ser humano, ainda ouço, com todas as letras, daqueles que passam por nossos treinamentos comportamentais:

— *Eu não gosto de vender, eu detesto vendas, eu odeio vendedores!*

Como seria possível superar os próprios limites, transformar vidas e assumir a missão de evoluir a sociedade, se não gostamos de vender?

Eu tenho orgulho e honra de ser vendedor. Talvez o leitor mais desavisado se surpreenda e me pergunte:

— Poxa, Massaru, mas você é professor ou vendedor?

Preste atenção em minha resposta, pois vem do mais profundo recôndito do lado direito de meu cérebro[2].

— Se o Brasil remunerasse dignamente e incutisse nos professores o amor por vender, o PIB deste país teria crescido três ou quatro vezes mais, pois os mestres são vendedores de conhecimento, produto mais precioso que ouro. No Japão, somente ao professor é facultado o direito de não se curvar em reverência ao imperador e lá, é chamado de mestre. No Brasil, embora eu não tenha nada contra a profissão, técnico de futebol é tratado como professor, e o professor é chamado de tio (a).

Eu e minha equipe vendemos treinamentos comportamentais. Somos vendedores de ideias, de transformação. É prazeroso ver a matéria-prima de nossa venda transformada. Recebemos semelhantes na forma de diamantes brutos e não temos a pretensão de dizer que os lapidamos. Ao contrário, nós "vendemos" um caminho para que eles possam se lapidar, que se sintam preparados para lidar com os desafios da vida cotidiana e dos seus sonhos.

Nós somos o lado "B" dos discos. Não esperamos que a nação inteira nos ouça. Estamos procurando 5% de pessoas que escolheram a evolução. É por esta razão que preferimos eventos intimistas, pois bons garimpeiros sabem que ao escolher áreas de menor concentração, suas chances de encontrar pedras preciosas aumentam.

2 O lado direito é o hemisfério do cérebro que registra intuição, criação, sonhos, arte e amor; enquanto o esquerdo é lógico, racional, quantitativo e analítico.

É Isso!

Sacóvisky?

Somos parte da minoria que não tem vergonha de se dizer vendedora. Vivemos em uma nação que respira vendas, somos a população vendedora mais carismática do planeta. Além da produção agrícola, do petróleo, dos minérios e das matérias-primas diversas aqui produzidas, vendemos simpatia, somos alegres por natureza, acolhemos pessoas do mundo inteiro, recebemos turistas que ficam encantados com nosso comportamento e estadistas que ficam estupefatos quando visitam o Brasil pela primeira vez. Executivos estrangeiros levam para suas nações a nossa expertise em vendas e, com tudo isso, como é possível que alguém ainda resista em se identificar como uma pessoa vendedora?

Quero convidar você a refletir. Vamos imaginar, em dez passos, o dia inteiro de uma pessoa.

1) O relógio desperta. O vendedor personalizado telefona e diz:
— Acorde, aqui é o seu vendedor motivacional. Estou ligando para desejar que você levante com disposição e tenha um dia maravilhoso!
Em caso negativo, a quem coube vender a decisão de sair muito bem ou se arrastar, com má vontade, da cama?

2) A pessoa acorda e vai contemplar-se no espelho. Quem vende, naquele exato instante, o reflexo de uma pessoa que sairá para mais um dia vencedor ou o reflexo de alguém que ainda deveria estar na cama?

3) Digamos que tenha dormido mal, que o "vendedor motivacional" não tenha telefonado e que o espelho tenha refletido uma imagem acabada de cansaço. Provavelmente, a pessoa estará com certa irritação. Ela sai de casa e encara um congestionamento pesado. Ao chegar ao trabalho, amigos oferecem um "bom-dia" cheio de ânimo e ela só consegue responder um ruído, quase sem abrir a boca. Ela se senta, toma um café e por melhor que esteja, parece amargo demais. Liga o computador e parece demorar uma eternidade para funcionar, embora tenham se passado alguns poucos segundos. Alguém ao lado puxa conversa e tudo que a pessoa deseja é que o vizinho de mesa se cale imediatamente. A pergunta é simples: quem vendeu cada uma destas escolhas comportamentais?

Prof. Massaru Ogata

4) O dia segue e a pessoa recebe um telefonema do amor de sua vida, que comprou de si escolhas diferentes e está, portanto, num estado de fluxo completamente diferente. Após dois minutos de romantismo da outra parte, a pessoa irritadinha já se desespera, pensa sobre quando essa conversa vai terminar e sem suportar mais, acaba cometendo uma grosseria. Quem vendeu a escolha de tratar a pessoa amada com rispidez?

5) Chega a hora do almoço. Quatro amigos diferentes convidam para almoçar, mas hoje a pessoa não se sente uma boa companhia e, por telefone, pede algo. O lanche chega e parece "murcho". Ela telefona para o fornecedor, briga com a atendente, pede para falar com a gerência, que se propõe a trocar o alimento.

— Não precisa, só saibam que eu não compro mais!

Desliga o telefone e descobre que agora o lanche não está só murcho, mas também frio. Embala tudo e joga no lixo mais próximo, bufando de raiva. Quem vendeu a solidão durante a refeição, a irritação extrema e a capacidade de brigar por tão pouco?

6) No fim da tarde, vai para a academia e as coisas começam a melhorar. Malhação gera boas doses de endorfina. Passada a explosão hormonal, aquela irritação retorna. Ao abrir a porta de casa, o filho vai correndo para aquele abraço, mas, antes disso, a pessoa olha ao redor, descobre que a casa está uma bagunça. Ela abandona o abraço e desfere um "sermão" de trinta minutos, sobre como ela tinha organização quando criança, como seus pais eram rígidos e quão decepcionada está com o filho, que não foi capaz nem de tirar o prato de cereais da mesa. A criança escuta tudo, cabisbaixa, e uma constrangedora conversa tem início.

— Quando fui te abraçar, ia te contar uma coisa.

— Que coisa, menino? Conte logo, estou com pressa, preciso arrumar toda essa bagunça. E depois vá logo tomar banho!

— É que a minha redação, com o tema "eu amo minha família", foi escolhida como a melhor do ano de toda a escola.

O garoto, então, tira da mão a medalha representativa de "redação do ano", entrega e arremata.

— É para você!

Ele vira as costas e sai, arqueado e cabisbaixo, pega a sua toalha

É Isso!

e parte para cumprir a ordem do banho.

Quem vendeu o direito de descontar no filho as frustrações que a própria pessoa comprou, ao longo do dia?

7) Ao ver o filho, a caminho do banho, uma grande ficha caiu. Ela percebe que desde cedo, "foi ao shopping". Pela manhã, comprou indisposição ao sair da cama, incertezas sobre o reflexo no espelho, irritação no trânsito, intransigência no trabalho com as pessoas e até com o computador, impaciência com o amor de sua vida, intolerância com as pessoas do restaurante, breve bem-estar na academia e, como última compra, um pacote de insensatez, que usou com o ser mais importante de sua vida. Quem vendeu todos esses produtos?

8) Como a dor na consciência e a vontade de se redimir são grandes, ela prepara um belo jantar e, enquanto o faz, coloca o filho ao seu lado, na cozinha. Pede que ele conte cada detalhe da premiação e o sorriso volta a brotar na face da criança. Quem vendeu esta capacidade de se reinventar, de corrigir os comportamentos?

9) O grande amor chega do trabalho, aquele mesmo que ligou durante o dia, ofereceu romantismo e recebeu grosseria. A pessoa lhe serve um bom vinho, dá um abraço forte, pede desculpas e aponta a pressão do trabalho como justificativa. As desculpas são aceitas, o jantar é servido, a paz voltar a reinar e todos vão dormir felizes. Quem vendeu a determinação e a coragem de pedir desculpas e colocar a casa em ordem?

10) No dia seguinte, de consciência tranquila por ter corrigido tudo, o despertador toca. A pessoa salta da cama em pleno estado de fluxo. Está sorridente, se olha no espelho e fica feliz com a imagem refletida. Vai para o trabalho, cantarolando, em meio ao trânsito caótico. Chega ao escritório distribuindo bom-dia até para as plantas. Almoça com os amigos e todos se divertem com suas piadas. Finaliza o dia com o prazer da atividade física e um jantar leve em casa, na companhia dos grandes amores.

Refaço a pergunta, dividindo-a em duas.

Quem vendeu o péssimo dia?

Quem vendeu o dia prazeroso?

Do ponto de vista neurológico, somos compradores e vendedo-

Prof. Massaru Ogata

res das emoções que o lado direito busca ou de uma lógica que o lado esquerdo teima em entender.

A vida não vende nada para ninguém, mas está à nossa disposição. A maioria das pessoas toca suas vidas no lado "A" do vinil, onde quase todos concordam que é assim mesmo; viver, correr, justificar e sobreviver. A minoria prefere viver no lado "B" e entende diferente; viver e não ter a vergonha de ser feliz, cantar a beleza de ser um eterno aprendiz, como diria Gonzaguinha, ou cantar a beleza de sermos eternos vendedores de alegria, produtos, serviços, amor e plenitude, como diriam os nossos sonhos, se tivessem voz.

Eu sou vendedor e comprador. Espero que você também seja; pois a vida é uma grande mesa de negociação e a qualidade daquilo que é vendido ou comprado depende desse entendimento.

É isso!

Capítulo 10

O MEDO E O ALFABETO DAS MUDANÇAS

Prof. Massaru Ogata

Ao ter contato com uma situação inusitada e supostamente arriscada, o lado esquerdo do cérebro, responsável por nos preservar através da lógica, dispara uma descarga de adrenalina pelo corpo, deixando todos os sentidos físicos em alerta, para que possamos "escapar" da ameaça latente. A frequência cardíaca se acelera, a saliva seca, os olhos se arregalam, um frio na barriga se estabelece, e até tremores inconscientes podem surgir, dependendo da intensidade do pavor.

O medo está incutido no ser humano desde os dias mais doces da infância. Nascemos desconhecedores do sentimento e aos poucos, aprendemos os limites de certo e errado, medo e coragem, possível e impossível. Os adultos se esforçam para ensinar tudo da melhor maneira, pegam leve em alguns momentos, exageram em outros e assim a vida vai seguindo.

Antes de continuar, quero deixar claro que é bom ter medo. O que não faz bem é o pavor paralisante. O medo de atropelamento nos faz atravessar a rua em segurança. O medo de fracassar nos coloca em movimento contínuo para vencer.

Se o ser humano não temesse nada, teríamos uma sociedade de

É Isso!

Tokkō Tai, como se diz no Japão, pilotos que investiam seus aviões contra os navios inimigos, também conhecidos como Kamikazes. Ou seja, as pessoas iriam para o tudo ou nada, em qualquer situação.

Veja o número de acidentes de trânsito e imagine se as pessoas dirigissem seus veículos sem medo de nada. As mortes no trânsito levariam mais pessoas que o tabagismo. E o banditismo? Com todo o poder policial, eles são cada vez mais audaciosos. Se não tivessem nenhum medo, não seríamos sociedade organizada, mas um campo de sobrevivência de guerra.

De acordo com o relato das pessoas a quem prestei assistência em treinamentos comportamentais, listarei os três maiores medos e vou mostrar como ter uma vida mais equilibrada, respeitando esses medos, mas sem paralisar.

Falar em público

Eu falo em público há mais de trinta anos e, até hoje, sinto o "frio na barriga" antes de começar um evento. É normal, positivo e demonstra humildade. A explicação lógica e fisiológica é simples. A ansiedade gera uma descarga de adrenalina no organismo, contraindo os vasos sanguíneos da região do abdome. Tão simples quanto isso.

Quanto mais o ser humano luta contra a ansiedade antes de se apresentar, mais ansioso fica. O caminho é respirar a ansiedade, como se ela fizesse parte do oxigênio que entra pelos pulmões. O grande segredo da oratória é entender que somos seres humanos, perfeitamente imperfeitos e ilógicos, donos de confiança, ansiedade, medo, raiva, alegria e tristeza. Junte tudo isso em sua mistura e dê o seu melhor. Você já tinha pensado nisso? Se praticar a técnica, posso afirmar que medo algum vai lhe travar ou paralisar quando a vida exigir exposição.

Medo da morte

Pode ser sorte, pode ser azar, mas o fato é que teremos de lidar com ela, mais cedo ou mais tarde. A humanidade procura administrar este medo fatal como se houvesse um tipo de "ganho" para quem não a teme. Se você faz terapia para amenizar este medo, vou "cochichar" um segredo.

As pessoas que você conhece, supostamente muito firmes, corajosas e determinadas neste quesito, que gritam aos ventos não teme-

Prof. Massaru Ogata

rem a morte e o desconhecido, são as que mais temem, só não têm coragem de assumir para si e para as pessoas, pela velha necessidade de mostrar-se forte além do "normal".

Portanto, relaxe, evite o sedentarismo, curta a vida, faça exercícios, mastigue exaustivamente, abasteça o corpo com alimentos saudáveis e a alma com leituras prazerosas. Eis aí o segredo milenar japonês da longevidade.

Sacóvisky?

Solidão

A filosofia e a antropologia já cederam seus préstimos à discussão desta importante lacuna que toma de assalto, até mesmo, as pessoas que não estão sozinhas, de acordo com o conceito social.

Pessoas casadas, com pais ainda vivos, filhos saudáveis e uma extensa lista de amigos, muitas vezes também se sentem sós e isso é relativamente normal. É como o meu amigo, Edilson Menezes, diz:

"Costuma ser tão pouco o tempo dedicado para nós, que ao contemplar o espelho, a saudade também aparece no reflexo".

Isso ocorre porque a pressão cotidiana nos faz cuidar da família, dos negócios, dos animais, das causas humanitárias, do lazer, das finanças e, se sobrar algum tempo, cuidamos de nós. Convenhamos, talvez não sobre nenhum. Por isso, é tão comum alegar falta de tempo para atividades físicas, leitura e cursos. Quando a "saudade de nós" bate, a solidão se faz onipresente.

As consequências podem ser sérias. Situações que poderiam ter sido resolvidas com algum tempo de investimento, e foram negligenciadas preventivamente, terão de ser resolvidas de forma corretiva, nos divãs.

A solidão nos deixa tristes, tensos e irritados, eleva os níveis de cortisol, o hormônio do estresse. Eis aí uma bombástica combinação emocional-hormonal, que pode resultar em tratamento com antidepressivos. Vou registrar uma receita de amigo, para evitar que você precise de uma receita médica:

O que é necessário para sobrepujar a solidão está aí, dentro de você. Resta saber se terá disposição para seguir o alfabeto das mudanças.

Após desenvolvê-lo, tive certeza de que sintetizei décadas de minha experiência nas 26 letras que o compõem. Observe que o alfabe-

É Isso!

to é gradativo. A cada letra, teremos um avanço psicológico-comportamental. Vamos nessa!

A – Assuma o compromisso de ler até o fim. Como tudo que é novo e inusitado, a partir daqui já fica difícil para a maioria.

B – Baseie-se no melhor que pode fazer. O seu "mais ou menos" não servirá.

C – Crie a oportunidade propícia hoje. Não espere a sorte ou o tempo, que se tornarão cada vez mais escassos.

D – Dê amor genuinamente. As pessoas de suas relações até sabem que você as ama, mas não basta. Elas querem ouvir de você. Diga enquanto e quantas vezes lhe for possível, afinal não se sabe quanto tempo terá para fazê-lo.

E – Emotize o que deseja. A maioria das pessoas mantém o foco naquilo que não quer e isso é insuficiente. Pensar no positivo é mais producente que fugir do negativo.

F – Fidelize as ações em relação a você. O mesmo comprometimento com os negócios e a família deve ser incutido na própria evolução.

G – Guie os medos que sentir. Seu cérebro não sabe se o medo é bom ou ruim. Para o funcionamento neurológico, é apenas sentimento sem rótulo. Determine que sejam partes de você incolores, insípidas e inodoras, como a água.

H – Harmonize seus sentimentos, como os asiáticos, que descobriram o equilíbrio em seus recursos internos por que aprenderam, com o pós-guerra de suas nações, que a superação dos medos começa interiormente.

I – Imagine, como o futurista John Lennon. O cérebro é atemporal, não distingue entre aquilo que está acontecendo e o que é imaginado. Para emagrecer, por exemplo, feche os olhos, projete uma tela de cinema e imagine-se nela, magro(a).

J – Jante com a família verdadeiramente, não esteja apenas presente na mesa, assistindo ao jornal em transe, sem sequer notar que estão ali. Faça isso antes de perceber que está com saudade dos filhos. Você tem as necessárias ferramentas de reeducação comportamental. Sem uso, ficarão enferrujadas, e você terá de buscar ajuda profissional para descobrir o óbvio.

K – Key issue, ou questão-chave, descubra "o que" teme. A melhor

Prof. Massaru Ogata

maneira de transpor nossos medos é identificá-los. As pessoas que sofrem de síndrome do pânico, por exemplo, muitas vezes nem sabem mais o que temem e não chegaram nesse ponto do dia para a noite. Sofreram por muito tempo, em silêncio, até perder o controle da situação. Aprenda que só se descontrola quem não sabe "com o que" está lidando. Assuma, identifique os medos, respire e siga em frente.

L – Lembre-se de rever todos os passos anteriores, pois estamos na metade do alfabeto das mudanças e se chegou até aqui, serão dois os seus desafios: cumprir o que já vimos e preparar-se para a segunda etapa.

M – Marque em sua agenda o que, como, quando, por que, e qual a estratégia será usada para superar os medos. Cobre-se em periódicos e curtos espaços de tempo, mas, enquanto faz isso tudo, tenha a simplicidade de viver. A letra M serve para dar uma referência e não para deixar-se conduzir pela rigidez militar.

N – Nunca diga que não vai conseguir vencer os medos. Eu detesto a palavra nunca, mas penso que este é o único contexto em que ela se encaixa.

O – Olhe para dentro de si e não apenas para fora, tal qual o reflexo do espelho propõe. Desenvolva um espelho mental, não para contemplar a lógica dos medos, pois dessa tarefa o lado esquerdo do cérebro se encarrega, mas para enxergar os pontos fortes, que somente o lado direito do cérebro é capaz de sentir, identificar, potencializar e multiplicar.

P – Padronize as questões chatas de sua vida, as contas a pagar, a burocracia e as rotinas. Porém, não conduza a vida por meio de um padrão estabelecido. Permita-se criar, ousar e mudar, três características que, juntas, são suficientes para mandar os medos paralisantes às favas.

Q – Quebre o hábito equivocado de creditar males ao nível de identidade. Muitos comandam ao cérebro alguns absurdos, como "minha rinite está atacada". Diga "estou com uma crise alérgica". Afinal, se você deseja e comunica que algo negativo é seu, por que o cérebro criaria estratégias para curar o corpo?

R – Resista, com todas as forças, diante da tentadora vontade de desistir. Quando estiver se avizinhando do sucesso, uma combinação de muitos medos pode ser paralisante. Mantenha a resiliência. Volte até a letra G do alfabeto, use-a em combinação com a letra R, identificando e resistindo.

É Isso!

S – Sinta os seus pontos fortes. Muito visuais que somos por natureza, tendemos a procurar formas de vê-los e não é raro encontrar pessoas travadas, sob o pretexto de "não enxergarem" uma solução. Algumas poderosas emoções só podem ser sentidas.

T – Torça exaustivamente, em vez de transferir a responsabilidade para a família. As pessoas saem para os maiores desafios de suas vidas, uma grande entrevista ou um grande evento a ministrar e pedem aos familiares: "Torça por mim?, mas elas próprias não o fazem, saem de casa somente munidas de medo. Algumas até dizem: "Eu pedi para minha mãe torcer por mim, porque a fé dela é grande". A torcida alheia é bem-vinda, mas cabe lembrar que merecemos torcer e acreditar naquilo que de melhor temos a oferecer.

U – Utilize os trajes que parecem incabíveis. Quando estiver prestes a realizar algo grande, as mais belas e elegantes roupas das grifes Determinação, Resiliência, Criatividade, Confiança, e tantas outras mais, parecerão "feitas para outras pessoas", pois a única grife aparentemente útil parecerá ser o "Medo". Ainda que esse traje possa estar sob medida, ouse experimentar as roupas desconfortáveis.

V – Viole os códigos que identifica como limitantes, também conhecidos como crenças, talvez alimentadas por tanto tempo, que nem mesmo seja possível lembrar por que foram adotadas. Caso entenda que são pesadas demais para carregar, use a lixeira mais próxima. Toda reforma interior exige a mais nobre forma de arquitetura, a sua.

X – Xadrez, um dos mais antigos jogos de tabuleiro que a humanidade conhece, só perdurou por duas razões: é intrigante e competitivo. O ser humano respira essas duas características e, se você deseja ser enxadrista de qualidade no difícil "jogo da vida", aí vai a minha dica: enxadristas sentem medo dos rivais, mas encaram assim mesmo, sem jamais desistir.

W – *Weekend*, um dos mais desejados momentos em família, muitas vezes não pode ser cumprido. Caso isso aconteça, é importante ter um "Plano B". Se inevitavelmente vai trabalhar nos finais de semana, aprenda a ter o que eu batizei como poder de reserva. Faça com que uma segunda-feira comum se torne, aos olhos da família e aos seus, o mais impactante sábado. Sabe como? Vivendo, sem agir como refém do relógio biológico-comercial, que é útil para nos transformar em "sociedade". Contudo, não

Prof. Massaru Ogata

podemos esquecer que, por essência, somos únicos.

Y – *Yesterday* deixou duas perguntas: 1) da totalidade do alfabeto das mudanças, alguma letra lhe travou? 2) vai sentir medo dessa letra ou já entendeu que ela faz parte de você? "Ontem" deixou de ser, dando lugar ao que pode ser construído "hoje"para gerar repercussão para a "eternidade".

Z – Zombe de suas "travadas". O medo só pode ser um torturador quando damos poder a ele. Passou por uma situação na qual tenha sentido medo, pequeno ou grande? Observe o tempo do verbo que acabei de usar; passou. Dê uma risada grande, reúna os amigos em casa e conte a situação de forma hilária.

Se o poder absoluto é seu, o medo pode ser apenas
objeto de humor. Se o medo detém este poder, quem
passa a ser objeto de humor?

Como profundo admirador da congruência, não faria sentido preparar um alfabeto de mudanças, se não acreditasse em seu poder neurológico e fisiológico. Praticado com muita perseverança, pode transformar a vida e contribuir com as pessoas que amamos.

Este alfabeto pode ser um papel guardado no fundo de uma gaveta empoeirada ou objeto de pesquisa dos nossos bisnetos. Depende de nossas escolhas. Estou fazendo minha parte, que consiste em desenvolver e entregar para a sociedade o meu legado. De que adianta uma vida inteira dedicada ao ser humano, se nada ficar registrado para a posteridade?

Compartilho com você, que acompanha meus textos, com o valoroso desejo de que a sua vida se transforme. Da mesma forma, se você concorda que temos aqui um conjunto de estratégias para um mundo melhor, com medos superados e confiança reinante, faça o mesmo; compartilhe com a sua família, as pessoas do trabalho e até com possíveis inimigos. É sempre bom lembrar:

As pessoas consideradas inimigas merecem a chance de mudar, ainda que esta mudança dependa também de uma pequena colaboração nossa.

É isso!

Capítulo 11

O FUTURO E A EVOLUÇÃO DA CONSCIÊNCIA

Prof. Massaru Ogata

Você já parou para pensar o que aconteceria, caso o ser humano descobrisse uma consciência mais elevada no quesito alimentação? Digamos que a consciência do ser humano sobre a vida mude, dando lugar ao não extermínio da carne animal para seu alimento. Isso não acontecerá hoje, tampouco no próximo mês. Decerto, no mínimo, por mais meio século continuaremos a seguir a "cultura de hibernação", segundo a qual o acúmulo de gordura parece sugerir que vamos nos hospedar na caverna por meses.

Nós regredimos nesta questão. Não contentes com o corte e consumo dos animais até aqui "considerados" tradicionais segundo o que acreditamos, desenvolvemos também o gosto por carnes exóticas. Experimentamos jacaré, cobra, avestruz, rã, tatu e mais uma infinidade delas.

Como Darwin previu, a evolução é um processo e não acontece da noite para o dia. Num primeiro plano, requer aceitação, depois adaptação e por último, mas não menos importante, a replicação em massa do comportamento.

Na fase I, quando o ser humano descobrir que um bife do tamanho da palma de sua mão é suficiente para mantê-lo vivo e bem alimentado, boa parte dos restaurantes pode falir. Os prezados leitores podem pen-

É Isso!

sar: "mas esta informação já é de conhecimento comum". Como também têm todo o direito de refletir: "se isso fosse o bastante, então os tais restaurantes já teriam fechado suas portas".

Resta uma empreitada tripla, cujas quádruplas consequências serão vitais para que aconteça. O conhecimento só pode ser considerado como tal quando o ser humano o detém, pratica e doa. Sem estes três elementos, ele nada é, nem enquanto essência e tampouco como fonte passível de viabilidade, aprendizado, propagação e enraizamento.

Viabilidade

Ao optar por fontes alternativas de alimento, um colapso há de se estabelecer entre os latifundiários e o segmento de carnes, antes tão imprescindíveis.

A representação dessa mudança comportamental, num primeiro momento, pode ser mera opção. Em seguida, o consumo pode tornar-se supérfluo e específico, de modo que a massa o utilizará, por exemplo, em datas comemorativas. E quem poderia afirmar que não haverá o dia mundial da carne, em que as pessoas a comerão para honrar e lembrar como viviam seus antepassados?

Um pouco mais adiante, quem sabe existirão leis proibitivas desse consumo, tornando crime o que hoje é permitidíssimo? Ainda será necessário encontrar um caminho para as superpopulações não abatidas. Provavelmente, esses animais serão redirecionados à natureza, a fim de que o equilíbrio na lei de presa e caçador se restabeleça, pois praticamente todo animal tem predador natural. Até o leão pode ser devorado por hienas, como o elefante moribundo também sucumbe ao ataque de felinos de menor porte e peso. Não haveria de ser diferente com as populações pecuária, suína e a aviária.

Aprendizado

Nesse cenário, mente e corpo passariam por um processo de reengenharia e por isso, pode-se calcular no mínimo um século para mudanças duradouras. Primeiro, haveremos de pagar o preço. Se o ser humano não se alimentar de carne animal, a fase II dessa linha evolutiva parece nos ligar ao vegetarianismo, como já o representa hoje, solução supostamente propícia para evitar o sacrifício animal. Correto? Talvez não.

Discutiremos que a decisão por poupar a fauna e sangrar a flora, tam-

Prof. Massaru Ogata

bém não passará pelo crivo de uma consciência evoluída. É razoável pensar que talvez viveremos tantos horrores e catástrofes naturais, como preço por nossas ações infundadas e acumuladas ao longo dos milênios, que provavelmente não iremos mais extirpar a natureza e tampouco tirar dela aquilo que não seja renovável. Pensemos: os grãos e as frutas são concedidos pela natureza em caráter de presente, já que ela se renova após nos ceder suas maravilhas, mas a maioria de nossas intervenções talvez seja considerada, no futuro, tão letal quanto o gado, colocado em fila indiana, no abatedouro. O aprendizado dessa consciência, quem sabe, formaria as gerações futuras, que não teriam mais nomenclaturas como Y e Z, e seriam simplesmente chamadas de conscientes.

Propagação
Assim como as redes sociais de hoje, teríamos um formato de compartilhamento da consciência, tanto alimentar como geral.

Gigantescas comunidades opinantes seriam formadas, dedicadas à defesa e fim dos tempos de matança animal. Além disso, seriam em número maior que as organizações de combate às drogas. Manifestações e protestos diversos transporiam a faceta política e social, para dar lugar à luta pela liberdade dos animais. Nessa causa, a consciência sobre o milagre da vida humana, animal e vegetal, seria tão rica, que teríamos empenho semelhante àquele que avizinhou a libertação de nossos irmãos, um dia escravizados.

Enraizamento
As organizações como a ONU e tantas outras mais, se tornariam desnecessárias. Sem consumo de fauna e flora, teríamos uma perspectiva mais nobre sobre o valor da vida, não precisaríamos mais discordar, entre nações, nos quesitos poder, dinheiro ou posição.

Seriam tempos de permuta dos víveres e reeducação social, com tanta responsabilidade pela segurança e bem-estar do filho de nosso vizinho, quanto temos com os nossos.

Compartilharíamos informação de maneira altruísta e não existiria universidade privada. A educação seria compreendida como obrigação social e pessoal. Os professores teriam finalmente o reconhecimento da missão que lhes foi destinada por aptidão natural; não através de dinheiro, mas como legado dos mestres que disciplinarão a sociedade no senti-

É Isso!

do de viver em favor do semelhante.

Haveria uma constituição mundial para reger as leis e não teria mais que dez páginas. Todas as gerações que vierem a partir da primeira grande consciência, honrariam os ensinamentos das gerações anteriores e por isso, seriam cada vez mais evoluídas.

As paredes de concreto que aprisionam pessoas criminosas existiriam apenas nos livros de história. Sociedade evoluída e baseada na economia de permuta, não tem os dois elementos fomentadores de crime; dinheiro e poder.

As patologias físicas mentais se reduziriam, já que o cérebro seria mais saudável. A expectativa de vida aumentaria no mínimo 30 anos a partir de 2100, em função do número reduzido de doenças degenerativas.

Como as pessoas se respeitariam mais, por consequência amariam mais e de posse dessa nova realidade, a raiva, a tristeza encalacrada e o medo até aqui sempre presente, não causariam prejuízo, pois seríamos excelentes gestores do equilíbrio e das emoções.

Por conta do respeito à vida, a compreensão sobre o fator tempo e os ciclos renováveis ganharia abrangência. A morte seria um processo mais indolor do que é hoje. Sofreríamos menos com a perda das pessoas amadas, por que o número de perdas súbitas seria mínimo. A morte, sob tal perspectiva, seria como um passeio e teríamos a certeza de que o reencontro aconteceria em breve, não apenas por questões religiosas, mas por motivos cíclicos.

As exportações seriam mínimas, com formato de escambo. Todos os países teriam independência de consumo, mas trocariam alguns produtos, serviços, alimentos e tecnologia.

Não haveria pobreza ou riqueza, mas apenas prosperidade, como fonte inesgotável de subsistência. Trocaríamos, por exemplo, frutas africanas ricas para prevenir o aumento da pressão arterial, por frutas brasileiras ricas em nutrição infantil. Governos de todos os continentes permitiriam o escambo, mas sequer precisaríamos fiscalizar. Nossa consciência social seria nobre e honesta.

Nossos carros seriam movidos por energias renováveis. Seria o fim, aos poucos, dos combustíveis fósseis, totalmente inúteis para os novos padrões. Sistemas eficazes de captação, armazenamento e transformação dessas energias seriam criados. O petróleo e seus derivados continuariam sendo usados, de forma controlada, nas aplicações em que

Prof. Massaru Ogata

ainda são temporariamente indispensáveis.

Não haveria desemprego, mas reorganização social em larga escala. Todos seríamos voluntários no ensino e aprendizado dos ciclos fabris de veículos, confecção, mobiliário e cultivo agrícola. Todas as casas teriam suas próprias hortas, por menores que fossem. O cuidado que as pessoas têm no Século XXI, de comprar casas com garagens enormes para seus veículos, seria substituído pelo cuidado de comprar casas com espaços passíveis de plantio, para agricultura doméstica.

Com o fim de boa parte dos grandes galpões industriais, prédios implodidos dariam lugar ao crescimento horizontal. Dessa forma, nossos netos teriam o privilégio de voltar a contemplar as paisagens que os arranha-céus tomaram em nome do progresso.

A madeira utilizada na fabricação de móveis seria de reflorestamento e não precisaríamos policiar ou controlar esse consumo, por que as próprias pessoas seriam incapazes de derrubar uma árvore que não faça parte do parque apropriado para a produção.

Os chamados plásticos de engenharia, derivados do petróleo, teriam venda controlada. Pouco nos importaria o fator estético do policarbonato ou acrílico, só gostaríamos da certeza de que o produto decorador de nossa sala não agrediu a natureza. Esses plásticos mais insalubres para o planeta teriam fabricação controlada e seriam utilizados apenas na produção indispensável, como a aviação. E mesmo assim, somente até que dominássemos tecnologias capazes de substituí-los em definitivo.

As tecnologias de televisão, internet, computador, celular e satélite se manteriam num primeiro momento, mas seriam fabricadas a partir de materiais nobres e sustentáveis.

Com o tempo, o aprimoramento da consciência telepática nos manteria conectados e muitas tecnologias, hoje indispensáveis, se tornarão tão obsoletas como as inúmeras invenções do século XX, que deram lugar ao novo.

A segurança pública seria de responsabilidade individual. O poder militar e as forças armadas se tornariam páginas de enciclopédias e teríamos um dia no calendário de feriados para lembrar os profissionais que colocavam suas vidas em risco para combater o antigo "crime", palavra que boa parte dos jovens pesquisaria em sites de busca para descobrir o significado. Os únicos profissionais desse campo que continuariam na

É Isso!

ativa seriam os bombeiros e a defesa civil, por razões óbvias.

Quanto aos relacionamentos, as pessoas entenderiam que a lealdade e a fidelidade são as leis íntimas mais poderosas que possuem e os hábitos de mentir ou omitir, tão comuns nos séculos anteriores, seriam inimagináveis.

As profissões consideradas escravizadoras, emocional, energética e fisicamente, teriam os dias contados. A mão de obra infantil, indiscutivelmente acabaria.

Quanto ao labor no campo, que outrora calejou as mãos de muitos para abastecer a mesa de poucos, bem como a coleta de lixo, que hoje é realizada por uma minoria, seriam executadas por todas as pessoas, em sistema de revezamento, com escalas para esses e outros labores nobres. Durante todo o ano, trabalharíamos uma semana em cada função. Na semana um, negociaríamos a permuta de fruta com outras regiões. Na semana dois, coletaríamos lixo e assim por diante.

O sistema de abastecimento de água seria administrado em sistema de represamento. A energia gerada seria utilizada na eliminação de resíduos orgânicos, galpões fabris e pontos em que sua presença se faça imprescindível, como hospitais.

Nossos netos se escandalizariam pelo fato de os séculos anteriores terem permitido que houvesse mendigos em sociedade, prova cabal de nossa incompetência. Da mesma forma, ninguém entenderia como fomos capazes de ingerir drogas e matar semelhantes. Casos hediondos, como estupro, matricídio e filicídio, deixarão atônitos os viventes do século XXIII, por exemplo.

A nomenclatura que nós emprestamos ao período paleolítico, por exemplo, rotulou os viventes como "homens das cavernas". Conosco, talvez nos chamarão de "bárbaros". As crianças estudarão sobre seus ancestrais que comiam carne animal, roubavam-se, eram corruptíveis e tiravam a vida dos semelhantes por conta de religião, time de futebol ou qualquer motivo torpe.

Como falamos em futebol, talvez tenha chegado o instante de imaginar como seria o nosso entretenimento esportivo. Continuaríamos a apreciar este e outros esportes, que seriam celebrados, mas não com essa abordagem patrocinada e sim como na época da antiga Grécia. O esporte seria mérito de esforços individuais ou coletivos e não propaganda de anunciante. E finalmente, serviria ao seu papel de origem; unir os povos. Veríamos delegações estrangeiras desembarcando em

Prof. Massaru Ogata

nosso país, com o orgulho de trazerem seus atletas, não para ver quem é melhor, mas para descobrirmos, juntos, como ir mais longe, mais rápido ou melhor. Ou seja, o ser humano não se preocuparia com quem é melhor. Voltaria seu olhar para alguém que consegue romper um novo limite. Essa seria a nova consciência do esporte.

No final deste capítulo, quero oferecer uma pergunta.

Ivan Pavlov defendia que 21 repetições disciplinadas são suficientes para começar um comportamento assertivo e um novo ciclo evolutivo. Repararam que estamos exatamente vivendo o século XXI?

Você se sente pronto (a) para pensar sobre isso ou acha que eu sou maluco?

Em ambos os casos, você tem o meu respeito. Minha intenção não foi "brincar de futurologia". Porém, fiz questão de imaginar um futuro diferente, com filhos e netos mais evoluídos. Redirecionando o olhar para a nossa atual realidade, vamos continuar a obra...

Colaboração para este capítulo: Aulus Czar Moraes de Melo Carvalho
"Fazemos parte de um Todo e estamos tão fortemente integrados, que a evolução da consciência de cada ser faz o Todo evoluir. Mesmo sem o desejo individual de evolução, ela acontece por contribuição de outras consciências. Ora, se podemos evoluir sem esse desígnio, apenas por integrar um Todo que evolui, então por que precisamos seguir princípios elevados, fazer o bem e querer evoluir? Simples, apenas para pararmos de sofrer. Esse intento é a fronteira que separa a ação da reação, o amor do ser amado, o compreender do ser compreendido, a plenitude do sofrimento; basta evoluir a consciência"
Aulus é Treinador comportamental, Coach, Advogado e CEO do Instituto Happiness Coach

É isso!

Capítulo 12

CONSUMIDORES ENGANADOS X EMPRESÁRIOS "ESPERTOS" = PARAPLEGIA DA SOCIEDADE

Prof. Massaru Ogata

Você já se perguntou por que a nação brasileira está demorando tanto para se destacar entre as maiores potências econômicas do planeta?

Talvez lhe ocorra uma resposta mais imediatista, quase padrão para esta pergunta; a corrupção no governo. De fato, uma das maiores pragas que prejudicam nosso crescimento é esta, mas outros aspectos devem ser considerados pela própria iniciativa privada e por nós, como pessoas físicas.

Estamos atrasados há 500 anos, vitimados pela inobservância e desuso da prática de novos comportamentos. O tempo vai passando, novas gerações assumem o controle dos negócios e algo vem se repetindo entre as grandes massas: o jeitinho brasileiro.

Quando os negócios vão mal, empresários acusam o governo por improbidade e corrupção. Quando o governo não consegue aprovação geral, acusa os empresários de não cumprirem a sua parte.

Sobre o governo, não adianta martelar nesta tecla, se na época de eleições nos esquivamos da escolha, com o pretexto de que "é todo mundo igual". Quero propor, com este capítulo, um novo entendimento sobre velhos comportamentos.

É Isso!

Mentira interna

Ainda existem empresários dispostos a contratar profissionais na concorrência, prometendo plano de carreira, salários exorbitantes e toda sorte de benefícios. Poucos meses depois, os profissionais descobrem que cometeram um erro, que as promessas eram falsas. Como é quase impossível voltar para a empresa anterior e existe o receio do desemprego, é comum que esses profissionais, mesmo a contragosto, permaneçam na empresa, desmotivados e infelizes.

O grande paradoxo é que esses mesmos empregadores que mentiram, prometeram e não entregaram o combinado aos seus profissionais, pedem para que estes mesmos defendam sua empresa junto aos clientes, como referência de honestidade, compromisso e seriedade. Faz algum sentido?

Mentira governamental

Vivemos num país lindo, mas sua carga tributária destaca-se entre as maiores do mundo, o que gerou um lamentável comportamento no meio empresarial de pequeno porte. Empresas que estão prestes a pular um degrau e abandonar a classificação "simples", acabam deixando de crescer. Os empresários abrem outras empresas e dividem o faturamento, para que o governo não perceba a evolução no faturamento e dessa forma, possa pagar as menores taxas. Ou seja, de maneira utópica, defendemos a necessidade de crescimento e na prática, tememos crescer e pagar mais caro por isso. Não é mais um paradoxo?

A solução para o impasse é relativamente simples: reforma tributária e mais honestidade política. Para as empresas que se movimentam assim, fica registrada a necessidade de se reinventar, para que possam mudar seus comportamentos de gestão, abdicar do famoso jeitinho brasileiro, e pagar o justo preço da competitividade. Até que uma reforma na tributação ocorra, cresça, pague mais impostos, gere mais empregos. Esta conta fecha; se você paga mais impostos, significa que está faturando mais.

Mentira política

Alguns políticos brasileiros fazem um esforço tão grande para roubar e esconder seu rastro, que se soubessem quão mais fácil seria fazer o bem, talvez mudassem de ideia. Enquanto o dinheiro for imperativo entre aqueles que comandam a nação, a cegueira laboral os impedirá de enxergar todas as áreas que requerem atenção.

Prof. Massaru Ogata

Em toda sociedade, e a nossa não é exceção, a regra básica para que não exista corrupção é investimento educacional. Algumas pessoas não estudam e não levam seus filhos a estudarem, sob a alegação de que o governo deveria prover este ou aquele curso. Outras, em minoria, decidem não esperar pela consciência governante e investem, de seus próprios bolsos, em educação alternativa.

Se esses pais, investidores em educação, representassem a maioria populacional, a corrupção não chegaria sequer nas urnas, pois uma sociedade educada repudia pessoas de índole duvidosa e exclui do pleito qualquer candidato com perfil humorístico, ao invés de oferecer seu precioso voto como "forma de protesto".

Deixando de lado a política, pois não quero que a obra represente uma discussão dessa natureza, quero convidar os leitores a pensarem sobre o que cada um de nós pode fazer, para experimentar dias mais felizes.

O caminho único pode representar a escolha que seja boa para o outro, mas ruim para você. Se não estivermos, porém, restritos a uma possibilidade, nossa chance de combater um caminho negativo é grande. Por outro lado, se insistirmos em nossa "verdade absoluta", tiraremos a vida de semelhantes, como vemos sempre nos noticiários, em pleno século XXI, pela discordância do time de futebol, da religião, do posicionamento político ou, pior; simplesmente por dinheiro.

Alguns empresários se esqueceram de preencher um fundamental critério: ajudar e integrar ao projeto, no propósito de crescimento, as pessoas mais importantes do planeta para a empresa, os colaboradores.

Existe uma crença, entre nós brasileiros, reinante nas empresas de pequeno e médio porte, e também presente em algumas grandes corporações, no sentido de que a educação emocional e o treino comportamental não são de responsabilidade empresarial. É um grande engano. Não resta dúvida de que as pessoas podem e devem investir em si, mas não se pode dizer que a iniciativa privada deva esquivar-se da responsabilidade econômica e social, quanto a preparar seus colaboradores além do óbvio.

O empresário talvez alegue que tem, em sua empresa, uma universidade exclusiva e direcionada aos funcionários, e poderemos responder:

– Ok, você tem preparo técnico e acadêmico. Agora, falta a visão emocional e comportamental.

É Isso!

Alguns empresários ainda não entenderam que boa parte de seu *turnover* tem origem na estagnação funcional e emocional dos colaboradores. Enquanto isso não for compreendido, queixas em sites e órgãos especializados em defesa do consumidor continuarão crescentes.

O prejuízo maior é de imagem. As empresas vão entrando, gradativamente, para as estatísticas de péssimo atendimento e não raro, o prejuízo de reputação migra para uma nova escala e resulta em prejuízo financeiro. Quase sempre, isso ocorre quando consumidores enganados e insatisfeitos procuram a justiça para cobrar a conta, em formato de ação.

A lembrar, tudo isso acontece por que lá atrás, quando era possível mudar algo, não se fez o básico; cuidar das pessoas que trabalham na empresa e atender aos clientes da melhor maneira.

Não existe empresário coitadinho ou desavisado. O que existe é o colhedor de ações equivocadas do passado, remoto ou recente.

Os caçadores de vantagem

Na década de 1980, chamávamos de relacionamento o nosso rol de contatos profissionais. No Século XXI, atualizamos o status e passamos a adotar a americana expressão *network*. Assim como evoluímos, também regredimos em alguns aspectos.

Espertalhões de plantão, nas décadas passadas, formaram pessoas que usam a mesma estratégia. Em vez de tecer bons relacionamentos comerciais e de amizade, muitos procuram uma forma de ganhar dinheiro com eles e depois, se for o caso, pensam no ser humano por trás daquela empresa ou nome catalogado em sua agenda.

Felizmente, vejo que algumas pessoas usam *network* não apenas para tirar vantagem própria, mas como canais de ligação interdependente. Assim, temos dois cenários.

O amigo levanta o braço dizendo que precisa de um eletricista. Aquele que é Alpha na sociedade, indica um profissional de suas relações que possa ajudá-lo. O outro, que mencionamos como espertalhão, telefona para os seus contatos eletricistas e pergunta "quanto podem pagar" de comissão, caso consigam um trabalho.

Não estou propondo que os profissionais cujas vidas são ganhas através da indicação de talentos deixem de fazê-lo, mas se a pessoa não vive de agenciar profissionais, como no caso de representantes, assessores e publicitários,

Prof. Massaru Ogata

que mal há em indicar um amigo vendedor de carros a outro que deseja comprar um veículo? Mais que isso, vamos simplesmente fazê-lo, ao invés de encontrar formas mirabolantes para "ganhar algum" nessas indicações.

No dia em que as pessoas descobrirem como o universo é generoso com quem age assim, o país inteiro pode se tornar uma grande massa de pessoas físicas e jurídicas vendedoras entre si.

Por que recorremos a outro continente para comprar, por exemplo, tecidos que são fabricados no Brasil e, na maioria dos casos, com qualidade superior? É claro que os amigos leitores provavelmente logo pensarão no preço e estão certos. As empresas brasileiras do setor precisaram articular para sobreviver neste competitivo mercado. Entretanto, a concorrência internacional, sobretudo a asiática, só descobriu o mercado brasileiro em potencial por que no passado, os empresários permitiram, por sua letargia.

Nossa sociedade de consumo, portanto, dança conforme a música. Os brasileiros não têm, em sua maioria, fidelidade geográfica ou patriótica. Se chegar o produto estrangeiro e atender a contento, com preços mais interessantes, eles topam. E será possível que os nossos empresários não perceberam isso?

Se é possível fabricar determinado produto e ter um lucro muito bom, colocando-o à venda no mercado por R$50,00, muitos empresários decidem disponibilizá-lo por R$200,00. A estratégia pode dar certo por um tempo, mas um dia, os consumidores descobrem que podem pagar muito menos e quando assim acontece, a relação de fidelidade se inverte. Sem notar, o consumidor passa a ser fiel à marca que ofereceu uma economia considerável, pois registra uma sensação inconsciente de que, até aquele momento, foi "enganado".

Voltamos, portanto, ao início da reflexão e aos resultados desta triste soma:

Enganar profissionais com falsas promessas, somente para tê-los no time + burlar impostos para a empresa parecer "pequena" + superestimar a lucratividade + uso do jeitinho brasileiro para tirar vantagem = abertura de fronteiras para a concorrência e a falência.

Ao proceder uma suposta economia de consumo e desta vez, refiro-me ao comportamento consumidor, por que não adianta apenas mostrar a possível falha fabril, vale lembrar que o Brasil aboliu o trabalho escravo, salvo isolados casos descobertos nos confins de algumas regiões, onde

É Isso!

não chegaram ainda a educação e, tampouco, a reta observância às leis.

Quando comprar um item cuja etiqueta diz "*made in*" e não vou mencionar nenhum lugar específico, para não parecer xenofobia, pense:

O lugar de origem do produto remunerou a mão de obra que o fabricou?

Após o término do expediente, os funcionários, se é que podem ser chamados assim, se aglomeraram em colchões improvisados, dormindo em lugares com pouca ou nenhuma higiene ou privacidade, em condições de semi ou total escravidão?

Além disso, será que esse lugar oferece segurança aos funcionários que confeccionaram o produto? Ou você jamais pensou nisso e tanto faz, desde que o produto chegue até suas mãos 50% mais barato em relação ao que se fabrica em nosso país? A maioria de nós, brasileiros, não pensa nisso nem mesmo quando vê a matéria de trabalho escravo em determinado lugar do mundo ou um grande incêndio com centenas de vítimas. Não pensamos nisso por uma razão: não é problema nosso.

Este é o outro lado da situação. Ficamos estarrecidos quando descobrimos, por meio da imprensa, um sujeito que foi preso em flagrante por colocar drogas nas mãos de uma criança, na porta da escola, mas desde que o produto adquirido tenha nota fiscal que garanta o direito à troca ou defeito, as circunstâncias que envolvem o produto não nos comovem, embora seja muito possível que um garoto da mesma idade, preso por uma corrente, tenha ajudado a fabricar o produto.

Valorize o que é feito em nosso país, confronte o fabricante dos produtos que você consome, caso considere os preços injustos. Antes de adquirir um item que veio do outro lado do planeta, informe-se sobre a cultura do lugar.

A fonte da pesquisa talvez indique que o lugar é conhecido por explorar a mão de obra escrava, infantil ou adulta, em processos de fabricação e neste caso, não o compre. As autoridades brasileiras falharam em alguma etapa, ao permitir que o item chegasse até você, mas a nossa consciência de consumo não pode falhar.

Consumir é uma arte que deve ser praticada antes que a nossa sociedade se torne paraplégica e assim, deixaremos um país melhor para nossos bisnetos. Ou, em alguns anos, isso pode piorar e teremos uma sociedade de consumo tetraplégica. Compraremos sem nenhum critério ético, sustentável ou responsável.

Prof. Massaru Ogata

Um dia, por exemplo, enviei e-mail ao SAC de determinado fabricante, reclamando, com toda razão, por sempre ter sido fiel à sua marca. Comentei que os seus preços haviam triplicado em um ano e na prateleira, eu poderia muito bem comprar a marca concorrente, fabricada fora do país. Como resposta, eles disseram que avaliariam. Duas semanas depois, o preço despencou nas prateleiras e o SAC retornou o e-mail, dizendo que "um erro" fora cometido, pedindo desculpas pelo ocorrido. Para finalizar o atendimento, enviaram alguns itens como brinde para minha casa e uma carta formal do presidente da companhia, se desculpando.

Peço que imaginem se cada cidadão brasileiro adulto usasse deste ou de semelhante expediente para "cobrar" seus direitos de consumidor. Nós teríamos um novo país...

É isso!

Capítulo 13

CONEXÃO ALPHA – MAIS DE 20 ANOS DE HISTÓRIA

Prof. Massaru Ogata

Quando estava próximo de finalizar a obra, contratei uma pessoa que pudesse transcrever um pouco do treinamento que acompanhou toda a minha trajetória como profissional de desenvolvimento humano. Minha ideia era oferecer ao público que já o vivenciou e também àqueles que gostariam de fazê-lo, algumas percepções, citações, sentimentos compartilhados e emoções divididas entre a grande família que se forma na sexta-feira e se despede no domingo, para que cada integrante dela possa deixar o salão de treinamento, "voar" na vida, e fazer parte de uma minoria que se torna plena, em todos os sentidos.

Este capítulo, portanto, é parcialmente dedicado a esta transcrição. Espero que você consiga, assim como eu, "entrar" no treinamento a partir das próximas páginas.

Boa leitura e "bom treinamento", pois você acaba de entrar na Conexão Alpha:

Transcrição

Abrem-se as portas do salão. Após estabelecer o natural e contagiante entusiasmo desde o início dos trabalhos, começa efetivamente o evento.

É Isso!

A equipe do professor Ogata tem um papel fundamental nos ritos iniciais. O carinho sincero e o comprometimento com o ser humano são partes fundamentais do trabalho dessas pessoas que seguem o professor na honrável missão de fazer a diferença na vida das pessoas.

Após as devidas apresentações e trabalhos iniciais, logo nos primeiros instantes, e talvez até sem perceber, o professor oferece uma simples e profunda citação, que faz os presentes refletirem. Ele diz:

— Eu quero me aprofundar no simples, pois nada muda se não passar pelo crivo de uma emoção e esta simplicidade emocional é a responsável pelas grandes transformações da vida. Eis o meu convite: mergulhar na simplicidade, me aprofundar ao máximo no simples e convido você a vir comigo. *Stand by me*!

Naquele momento, transcrevendo os trabalhos do professor, pude sentir a energia da confiança pairando no ar, como se os participantes tivessem feito um acordo inconsciente para o mais belo mergulho de suas vidas. Um compromisso foi assumido, sem imposição, com carinho e respeito quase paternais, caraterísticos do trabalho de Ogata. Ainda na primeira noite, após muita emoção compartilhada, o professor faz uma pergunta que parece penetrar na alma das pessoas.

— O que você mais quer em sua vida?

Posso afirmar, sem margem para dúvida, que cada participante teve a oportunidade de encontrar a resposta para tão profunda indagação.

O treinamento segue entre atividades diversas, grandes perguntas surgem a todo instante e respostas ainda maiores enchem de alegria o coração daqueles que foram procurá-las.

Entre metáforas, anedotas e analogias, o humor é utilizado a todo instante. Embora o evento trate as quatro emoções básicas do ser humano; raiva, medo, tristeza e alegria, esta última é o combustível utilizado na viagem evolutiva do conteúdo programático. Para reforçar o espírito de alegria, o professor lança um desafio aos participantes.

— Este treinamento vai até a profundidade que você permitir e a alegria é o segredo maior. Ao sair por aquela porta, você merece levar daqui algo a palavra "valeu". Mesmo que em algum momento você chore, sinta raiva, lembre-se sempre de se divertir.

O público encara. De forma destemida, todos afivelam o cinto, percebem que a viagem será intensa, e seguem sem maiores preocupações, já que a confiança foi estabelecida.

Prof. Massaru Ogata

A consciência do merecimento

O professor consegue provar, por meio de uma atividade, como pode ser ínfima a consciência do ser humano sobre o merecimento do sucesso. Ao mesmo tempo, participantes recebem um grande presente: ferramentas e estratégias práticas, capazes de proporcionar a sondagem inconsciente desse mesmo merecimento.

Diferente da característica técnica que as dinâmicas realizadas por "recursos humanos" costumam apresentar, na lúdica Conexão Alpha, os participantes demonstram tranquilidade, alegria e engajamento.

O diferencial do professor, neste treinamento tantas vezes ministrado pelo Brasil, reside exatamente na aplicabilidade pouco convencional. Ao invés do modelo de oratória empertigado que a maioria dos treinadores adota, o professor opta por um estilo mais leve, despojado. Praticamente, sai da "persona" de treinador, para ser mais um integrante da audiência, com a singela diferença de assistir e instruir, simultaneamente.

O efeito-surpresa está presente durante todo o evento. Quando as pessoas começam a supor que já foram fundo no contato com determinada emoção, o professor saca da cartola uma atividade ainda mais impactante.

Finalizo a transcrição, e me sinto muito honrado por tão prazerosa incumbência. Repasso a bola para que o próprio professor, com sua vasta experiência, possa detalhar a lida com as emoções, peças fundamentais para o sucesso em todas as áreas de existência.

Transcrição e percepções do treinador comportamental e consultor literário Edilson Menezes.

Como autor e amigo de Edilson, agradeço contribuição e retomo a obra:

Nos eventos, lidamos com cada uma das quatro emoções básicas através das atividades de alto impacto, totalmente experienciais. Por essa peculiaridade prática, os leitores entenderão como é difícil falar amiúde sobre algo que vivenciamos, mais ainda assim, quero deixar aos leitores um presente resumido neste sentido.

Medo

Por mais autoconfiante que seja, é impossível afirmar que somos desprovidos de qualquer forma de medo. Todos, em dado momento, em maior ou menor grau, entramos em enfrentamento direto com situações em que a emoção do medo está presente.

É Isso!

Há muito tempo, defendo que o medo é uma emoção muito salutar. A psicologia transacional, os filósofos gregos, os pensadores da era moderna e a maioria das pessoas comprometidas com o ser humano têm tentado, ao longo dos séculos, explicar isso para o mundo. Entretanto, os mesmos formadores de opinião que somam esforços para ensinar que é bom ter medo, encaram a "concorrência comercial" da coragem.

O cinema, a televisão, a música, os livros e todas as formas de cultura apresentam para a sociedade um "padrão de herói". O cinema mostra o galã corajoso à toda prova. A música sugere pessoas que somente conseguiram amar por que não tiveram medo e assim por diante, deixa-se de avaliar o mais importante; somos seres humanos da vida real e dentre os sentimentos que experimentamos todo dia, o medo é apenas mais um, nem melhor, nem pior.

A profundidade do medo determina se tal emoção será paralisante ou benéfica para gerar a melhor caminhada na busca por sucesso e felicidade.

É com este pensamento que trabalhamos o medo na Conexão Alpha, como se apresentássemos a reengenharia do medo. Em contato com medos sutis, médios e profundos, do passado e do presente, por meio de um novo significado, o treinamento permite aferir quão válido o medo tem sido em suas vidas.

Após o evento, é comum recebermos *feedbacks* de quem afirma ter conseguido, a partir da Conexão Alpha, uma nova visão sobre o medo em sua vida, de algoz a herói.

O medo é como um professor. Para que a pessoa jamais arrisque nada e tampouco sofra, ele a paralisa. Num segundo plano, ele ensina a viver em segurança, pelas próprias pernas, sem desistir dos sonhos. A diferença é a permissão que lhe conferimos.

Raiva
É uma das mais poderosas energias do ser humano. Fomos presenteados com a energia da raiva para que pudéssemos ter disposição física e emocional para a caça, coragem para desbravar mares em busca de novas civilizações e, principalmente, para salvar a própria vida ou a de alguém, através da explosão de uma bomba hormonal e instintiva. Ao ver, por exemplo, o filho se afogando, sabendo ou não nadar, provavelmente a pessoa vai se atirar para salvá-lo. Isso acontece por meio de uma imprescindível carga de adrenalina, mesmo combustível daquela energia de raiva que sentimos durante uma briga; prova irrefutável que se trata de uma emoção positiva.

Prof. Massaru Ogata

Ao longo dos tempos, confundiu-se o natural propósito da raiva e teve início um processo equivocado do uso dessa energia. Começamos socialmente, com as guerras, a disputa por poder, dinheiro, crenças religiosas e extensão territorial. Tempos depois, transferimos essa poderosa emoção para os lares.

Não precisamos usar a raiva apenas por desaprovar o comportamento de vizinhos, filhos, amigos, colegas de trabalho e, tampouco, da pessoa amada. É possível lidar com essa desaprovação através do diálogo. Afinal, cabe lembrar que não somos perfeitos e com certeza, geramos semelhantes decepções entre as pessoas importantes de nossa vida.

Portanto, na Conexão, lidamos com energia da raiva em correlação com a alegria. Veja, por exemplo, o atleta velocista e medalhista de ouro. A energia de raiva é determinante para colocá-lo em primeiro lugar, mas ao cruzar a fita, a alegria assume o estado emocional do atleta.

No treinamento, promovemos o contato com a energia da raiva e uma reconexão com este sentimento. Para isso, apenas um pré-requisito é solicitado; que a pessoa não se economize. Vamos até os limites dos sentimentos básicos de raiva, e voltamos serenos como crianças.

Tristeza

Quem saberá dizer quão profundas estão as raízes das tristezas?

Ora, tudo aquilo que acreditamos como regra, foi ensinado na mais inocente idade e provavelmente, sequer nos lembramos. É justo, então, considerar que carregamos em nossas vidas uma avalanche íntima de tristeza encalacrada?

As pessoas que têm dificuldade de sentir, sorrir, pular, brincar e amar, talvez nem saibam que carregam tristezas dentro de si, no inconsciente, na identidade, ou seja, sentimentos que deixaram de ser um mero comportamento e passaram a fazer parte integral de suas vidas.

Na Conexão, o contato consciente com esses momentos enraizados no âmago se mostra de extrema valia para o futuro. Naturalmente, não o fazemos com intuitos curativos. A experiência não tem esta característica e tampouco tal proposta. A ideia principal é fazer com que os participantes tenham contato com suas feridas e as transformem, aos poucos, em emoções de perdão, permissão e consequente felicidade.

É Isso!

Alegria

Sou um brincalhão nato. Não consigo trabalhar sem a emoção da alegria e sempre conduzi os meus treinamentos através dela. As pessoas têm contato com raiva, medo e tristeza, mas a todo instante, a alegria está presente em formato de analogia, ressignificação e aprendizagem. No treinamento, a inspiração para a alegria tem por base os melhores momentos de nossas vidas, reconectados com muito carinho, tato e naturalidade.

Depois de tantos anos à frente de treinamentos, fui e continuo sendo muito feliz. Eu e minha equipe ajudamos a devolver um sorriso genuíno para milhares de semblantes. A proposta é nossa, mas o mérito é de cada participante que resgata a alegria, em geral esquecida, adormecida, negligenciada ou mesmo abandonada, até reencontrar-se com a vida.

O ser humano "cresce" demais, pressionado por seus pais, pelo mercado e pela sociedade, sob o pretexto de que "ser responsável" desde muito cedo. Embora não esteja afirmando o contrário, pois é claro que assim devemos ser, não podemos permitir que a criança de outrora, pura, ingênua e saudável, se perca em meio ao cotidiano que pressiona.

A maioria das crianças não conhece as doenças e os diversos males oportunistas que perseguem ou aprisionam os adultos. Confira esta pequena lista:

- Ansiedade
- Depressão
- Angústia
- Mau humor
- TOC - Transtorno Obsessivo Compulsivo
- Inflexibilidade
- Irritabilidade
- Enxaqueca
- Gastrite e úlcera
- Impaciência

Vou concluir o capítulo com duas perguntas.

Já reparou como é raro que alguma criança vivencie qualquer item desta lista?

Entendeu agora por que o foco da Conexão Alpha é a alegria?

Não curamos doenças. Não temos esse poder ou pretensão. Mas, a cura alternativa, uma espécie de efeito placebo muito funcional, está apresentado, em teoria. Sobre a prática, você será bem-vindo (a) em nossos treinamentos.

É isso!

Capítulo 14

CARREGUEM LIVROS

Prof. Massaru Ogata

Na década de 1960, comprometidos com o projeto de manter as pessoas mais experientes motivadas, os franceses usavam a expressão *le troisième âge*, que posteriormente seria traduzida por nós, brasileiros, como terceira idade.

Muito antes disso, em sua peça *"As you like it"*, William Shakespeare cogitava as oito idades; infante, escolar, amante, soldado, maduro, velho, senil e finalmente, a morte. Imaginem que em sua genialidade, até mesmo Shakespeare se inspirava na idade média, pois calendários do século VIII já faziam mencionavam divisões de idade.

Transportando o rico material que os grandes pensadores ofereceram para o Século XXI, a posteridade também nos cobra uma tarefa.

O que nós, brasileiros, podemos fazer hoje, para contribuir com o público de amanhã?

Eu trabalho com pessoas de todas as faixas etárias, mas o público de idades mais avançadas chama a atenção por seus comportamentos peculiares, e a pergunta quase sempre comum nesse grupo:

O que faço agora?

O meu sonho é que pudéssemos viver em uma sociedade com pla-

É Isso!

nos sólidos para essa turma de adolescentes amadurecidos. Infelizmente, vivemos o pesadelo da ociosidade, das doenças e, o triste resultado, é a transformação de vida em sobrevida.

A grande massa vive "o sonho de se aposentar". Vejamos os três principais aspectos da aposentadoria e vamos calcular se é realmente sonho ou, quem sabe, pesadelo. Além disso, para cada ambiente, quero oferecer a esse simpaticíssimo público, do qual faço parte, um "antídoto".

Se você é jovem, ajude as pessoas da melhor idade com estas reflexões que vou oferecer. Se você, assim como eu, teve a satisfação de vivenciar diversas primaveras e deseja ainda muitas mais, sem se arrastar, com qualidade de vida, aí vai um recado; estamos juntos e vou provar que a terceira idade não existe. Aos 20 ou aos 70, pode-se encontrar satisfação em todas as áreas, dependendo apenas das escolhas. Vamos nessa:

Ambiente familiar

Problema: ao contrário das crenças de nossos bisavôs, a certeza de uma vida de sucesso não está somente ligada aos filhos que deixamos. Essa é mais uma parte da construção afetiva de uma vida inteira. Vários casais optam por não ter filhos e devemos respeitar esse direito. A certeza de aposentar-se de forma salutar e prazerosa está ligada à contribuição deixada no contexto geral. Ter a convicção de que se lembrarão da pessoa, com alegria e entusiasmo, preenche seu conceito de ego, parte integrante da psique, e não um "defeito", como muitos acreditam. Do contrário, antes de deixar o labor, caso a pessoa sinta que a família não a admira, certamente terá uma aposentadoria frustrada, pois neste momento o ser humano começa a se sentir "inútil".

Antídoto praticável por jovens em favor de sua geração anterior: quem convive com alguém que se sente assim, deve fazer algo simples; mostrar quão importante esta pessoa ainda é. Colabore com a paz interior dela, de forma consciente ou inconsciente, e lembre-se que palavras bonitas não se bastam para motivar. Os mais experientes precisam praticar e fugir das teorias depressivas que o cérebro pode sugerir. Encontre alguma atividade, física ou intelectual, que lhes faça feliz.

Antídoto praticável pela própria melhor idade: o tempo de inflexibilidade acabou. A viagem com a família, desejada por décadas, o tempo que não teve para os netinhos, o violão que sempre quis aprender e tocar

Prof. Massaru Ogata

para a família, na festinha do domingo, ou a atividade física evitada ao longo dos anos; tudo isso agora pode acontecer e a sua vida merece esses presentes. Cuidado com a armadilha de pensar que agora "é tarde demais".

Ambiente financeiro

Problema: vendeu-se a ideia de que "aposentadoria é um sonho" e a grande massa comprou sem questionar. Durante a vida profissional ativa, oferecem o melhor que podem aos empresários que lhe contratam. Quanto ao próprio futuro, fazem apenas o simples. Não fecham plano de aposentadoria privada para garantir o futuro, sem depender do governo, não poupam parte do que ganham e uma vez aposentadas, ficam reféns dos parcos recursos, sem sobras para viajar, curtir a vida, comprar os mimos que sempre sonharam e até presentear os netos.

Antídoto praticável por jovens em prol de sua geração anterior: antes que a pessoa se aposente, comece a conscientizá-la sobre a necessidade de cuidar do futuro. Repasse para eles as mesmas dicas que ouviu dos próprios, enquanto você crescia. Certamente, lhe convenceram sobre a necessidade de estudar, ter um bom trabalho e investir em si. De forma gentil, faça o mesmo. Ao chegar da faculdade, comente sobre aquela aula de economia, estimule o cérebro de seus pais e avós, convença-os a cuidar do futuro e evitar dívidas ou empréstimos.

Antídoto praticável pela própria melhor idade: chegar até a melhor idade com problemas financeiros, não é nada bom, mas está feito? Perdoe-se. Caso tenha acumulado menos do que desejava, tome uma decisão; descansar e viver com o prazer de atividades alternativas, ou continuar um pouco mais na atividade anterior, mesmo sabendo dos riscos para a saúde física e emocional. Adote cuidados para não aceitar um terceiro e perigoso caminho. A mídia vai divulgar "empréstimos a juros baixos, com desconto em folha, para realizar sonhos impossíveis.

A ferramenta mais poderosa e cruel usada para deprimir a melhor idade é o endividamento.

Os juros baixos e os empréstimos consignados ajudam e atrapalham. Quando éramos jovens e nos endividávamos, corríamos para buscar ações que pudessem estancar a sangria financeira. Na melhor idade, o plano "B" quase não existe. Não raro, filhos e netos pagam a conta ina-

É Isso!

dimplente dos pais ou avós, fruto de empréstimos equivocados, a impotência e a frustração serão impiedosas. Os consultórios de psicólogos, psiquiatras e geriatras estão repletos de pacientes com este perfil.

Ambiente emocional

Problema: após experimentar uma vida inteira de labor pesado, o lado direito do cérebro quer descanso, lazer e prazer. Já o lado esquerdo, racional ao extremo, insiste que "deve-se trabalhar muito, afinal velhice não é vagabundagem". Cuidado, o "esquerdão" não é vilão. É protecionista e não está pedindo que vá trabalhar nas mesmas funções anteriores, mas que encontre ocupações alternativas. Sem entender essa diferença, com o peso da idade a limitar certas funções, e impossibilitada de cumprir a mesma rotina puxada, a pessoa começa a se sentir "improdutiva".

É uma armadilha biológica. A cada dia, novas e prazerosas tarefas surgem diante dos olhos, e a única visão da pessoa talvez seja: não posso mais fazer o que eu fazia.

Diante de todo esse cenário, o espelho fica mais rigoroso. Pode até refletir uma imagem linda, fisicamente, e menos bela, emocionalmente.

Antídoto praticável por jovens em prol de sua geração anterior:

Seja você o espelho, tamanho grande, das pessoas de melhor idade com quem convive.

Ao ver seus pais ou avós diante do espelho, os abracem fortemente e digam como são lindos para você. Na hora do jantar, não os coloque em uma mesa separada, sob o pretexto de "comerem mais à vontade", como boa parte das famílias faz. E, se eles avistarem, por exemplo, um pássaro, e dez vezes perguntarem "o que é isso?", responda a cada pergunta, como se fosse a primeira vez que a formulam. Você fez as mesmas perguntas, supostamente tolas, para eles, décadas atrás. Pense também em outra probabilidade importante: os olhos já se tornaram vacilantes e o prazer da leitura pode desaparecer. Caso seja assim, leia, conte histórias para eles.

Antídoto praticável pela própria melhor idade: assim como eu, se você está na estrada há bastante tempo, preste atenção. A minha meta é trabalhar até os 75 anos com saúde, disposição, garra e o que mais me move; amor ao que escolhi por missão de vida.

Prof. Massaru Ogata

Você não precisa fazer como eu e ir tão longe. Pare antes, se preferir, mas o faça com a certeza de que estará bem. Outros aspectos que trarão benefícios muito grandes. Por exemplo, eu me proíbo de não fazer, com frequência, uma caminhada. Alguns minutos caminhando vão gerar tanta endorfina, poderoso hormônio do bem-estar, que as pessoas perguntarão por que você está tão bem. Se não conseguir fazer caminhada, faça alongamento. Se não for possível alongar, levante do sofá para pegar o próprio copo de água, em vez de pedir para o netinho. Se estiver em uma condição física que lhe impeça de sair do sofá, ocupe a mente. Considere esta citação, que registro com muita propriedade:

A limitação física será, muitas vezes, maior, se a mente também decidir parar.

Resumo geral

Já experimentamos reflexões prazerosas e difíceis nos capítulos. Agora, quero finalizar com dez dicas para uma vida harmônica, saudável e alegre.

1) Ao acordar, contemple o espelho e se convença de que ali está o reflexo de uma pessoa que merece chegar aonde chegou;

2) Faça as atividades físicas e mentais que geram prazer e são possíveis, mas "vá na manha". Evite os esportes de "explosão" e prefira os mais leves. A ideia é manter a forma e buscar prazer;

3) Ao tomar o desjejum, faça um plano mental do seu dia. Por exemplo: uma caminhada, um banho revigorante, uma boa leitura, levar o netinho até a escola e, quem sabe, uma ligação para aquela pessoa que você não vê há muito tempo;

4) Mastigue lenta e repetidamente, até a comida ficar líquida. Isso vai preservar o sistema gastrointestinal, evitar muitas idas ao médico e até intervenções cirúrgicas;

5) Frequente grupos com os quais tenha compatibilidade de ideias e idade, mas esteja também presente em grupos mais jovens. Suas ideias serão bem-vindas para eles e vice-versa;

6) Se você dirige, pegue o carro e ocupe seu tempo. Convide um amigo ou familiar e vá ao parque, apenas para tomar um sorvete e apreciar o canto dos pássaros. Se não dirige, faça isso de ônibus. Se não pode sair de casa por incapacidade física, vá ao parque mentalmente.

É Isso!

Feche os olhos, imagine as árvores, as pessoas circulando, os pássaros cantando, mas nunca se permita ficar em casa, ocioso, pensando sobre "como eram bons os velhos tempos que não voltam mais". Distancie-se desta armadilha e vá viver;

7) Todos os dias, verifique se a sua cerca de arame farpado está firme, bem esticada. Essa cerca foi criada por seu cérebro para proteção contra tristeza, depressão, TOC e outros males oportunistas;

8) Dê risadas altas e deboche de quem tenta debochar de você, por ter perdido a habilidade de segurar o talher, caminhar devagar ou qualquer motivo. Afinal, sempre tem um representante do humor negro nas famílias. Quando isso acontecer, diga para a pessoa: — Minha presença prova que cheguei aqui. Quem garante que você passa deste ano? - e ria o mais alto que conseguir. Basta fazer algo assim e o tirador de sarro vai procurar outra vítima para "vampirizar";

9) Mantenha-se ciente do que acontece ao redor. Muitos acham que envelheceram e não precisam mais saber o que acontece no mundo, na política, no município, no bairro. Continuamos cidadãos e enquanto estivermos conscientes, a sociedade exigirá nossa participação e, de fato, temos este direito;

10) Para fechar, quero fazer um pedido. O que você considera de mais sagrado em sua vida? Deus, universo, filhos, netos, pais? Sejam quais forem os seus representantes, aí vai o meu pedido: mantenha a mente viva e ativa por meio da leitura.

O segredo da longevidade não está nos telejornais, novelas, filmes e músicas. Tudo isso é uma coletânea de canais para entreter, informar, e nos unir em sociedade. Nos livros, o segredo se esconde como um tesouro.

Talvez você queira me perguntar:

— Professor Massaru, pode dizer qual é o livro certo, para que eu não precise procurar pelo segredo da longevidade sem nenhum rumo?

Aí vai a minha resposta.

— Posso. Em minha metáfora preferida, uma voz ecoa no ar, imponente e misteriosa. Essa voz pede para as pessoas carregarem pedras até uma montanha, sem dar mais detalhes. A única mensagem que a voz deixa é: "tantas e quantas pedras quiserem ou puderem carregar". As pessoas obedecem, juntam o fardo de pedras e partem, rumo ao topo da montanha.

Prof. Massaru Ogata

Algumas carregam tantas, que mal conseguem andar. Outras, levam apenas algumas pequenas pedras. Após muitos dias de viagem, chegam ao topo da montanha e são tomadas por uma alegria muito grande.

Todas as pedras carregadas se transformaram em belíssimos e preciosos diamantes. Ao mesmo tempo, sentem uma tristeza muito grande e o pensamento único martela em seu inconsciente:

Por que, por que, hein? Por que não carreguei mais pedras?

Eis a minha resposta: carreguem livros. Tantos e quantos quiserem ou puderem carregar. As suas montanhas podem ser a sala de casa, a cama ou aquele confortável refúgio no parque, sob a proteção da sombra de uma árvore.

Não importa onde ou qual seja a sua montanha preferida, desde que carregue seus livros até lá. Dentro deles, os grandes, belos e preciosos diamantes esperam por você, em formato de longevidade saudável.

É isso!

Capítulo 15

A RESILIÊNCIA COMO ALIMENTO DIÁRIO

Prof. Massaru Ogata

Eu costumo dizer que o sacrifício é temporário, mas a recompensa é para sempre. Muito próximos daquilo que se interpreta como sucesso, não é raro parar, por falta de resiliência. A liderança nas empresas deve erguer suas muralhas energéticas, para que suportem o assédio dos concorrentes e os fatores que geram adversidades em seu ramo de atuação. Deverão também manter equilíbrio suficiente para lidar com a altíssima carga tributária do país e a complicada arte de entender cada um dos liderados conforme seus valores, crenças, vicissitudes e expectativas de carreira. É um enorme desafio, se considerarmos a heterogeneidade dos relacionamentos.

Na vida em família, algumas pessoas estão confundindo resiliência com paciência, o que pode ser a causa do rompimento entre casais, ou do enorme abismo, muito comum, nas relações entre pais e filhos. Vamos, antes de prosseguir, separar uma da outra.

A paciência é imprescindível no exercício de suportar o comportamento e as escolhas de outras pessoas, mas insuficiente para gerar equilíbrio, quando o assunto é paciência "íntima". É fundamental ser paciente em situações nas quais demos o melhor e precisaremos esperar, querendo ou não, que as coisas se encarreguem sozinhas, a partir dali. Um bom exemplo é a entrevista de trabalho.

Quem se preparou técnica e emocionalmente, apresentou um cur-

É Isso!

rículo formulado com brilhantismo, assumiu postura condizente com a vaga disputada e "mandou bem" nas dinâmicas de grupo, promovidas pelos entrevistadores; é isso!

Nada mais pode ser feito. Tenha a paciência de esperar pelo resultado e se tiver fé, seja qual for a religião, melhor ainda. Orações emanam boas energias.

A resiliência, termo emprestado da física para a psicologia, é uma qualidade diferente, que traduz a força e a capacidade humana de cair e se reerguer, quantas vezes forem necessárias, sem sucumbir ao assédio do desânimo, ao drinque com a frustração e aos argumentos da vontade de desistir. Sem saber que os prejudicam, as pessoas costumam dizer aos seus pares:

— Tenha paciência, não deu certo desta vez!

Está errado, esta tentativa de ajudar só vai afundar
a pessoa de vez na tristeza.

— Tenha resiliência e entenda que vai dar certo na próxima vez!

Está correto, a pessoa entenderá que é importante
"transformar-se" em barra de ferro, que jamais enverga.

Algumas palavras diferentes e tudo mudou em relação ao passado, presente e futuro.

Quero oferecer duas técnicas que podem mudar completamente a sua vida. Eu as defini como MOTIVAR – Massaru Ogata, Técnicas Inovadoras para Vencer sem Arrogância e com Resiliência.

O objetivo é fazer com que você identifique em qual delas se situa hoje, para que possa promover a mudança que julgar necessária em sua vida.

MOTIVAR 1: A arrogância que afasta a resiliência

Existe uma espécie de "Trópico de Capricórnio" em nosso íntimo. Essa linha imaginária separa a capacidade de lidar com adversidades, da ação efetiva de dar novos passos em busca dos objetivos. Os formadores de opinião das correntes intelectuais, políticas e religiosas, durante séculos, convenceram as pessoas sobre a importância de se manterem firmes e fortes diante do imprevisto, e muitos desses se esqueceram de instruir sobre o próximo passo. Ou seja, após nos tornarmos verdadeiras muralhas de concreto, donos da capacidade de administrar as mais difíceis situações, o que faremos?

Prof. Massaru Ogata

A fórmula para o fracasso é muito simples; basta que a arrogância assuma o domínio, a ponto de nos cegar para o fato de que determinado projeto não deu certo, naquele momento.

Se estivermos desatentos aos indicadores de que é melhor parar e recomeçar em outras frentes, vamos empreender energia no firme propósito de vencer a qualquer custo. Isso não é resiliência, é teimosia, cuja sobrevivência depende da arrogância de não admitir a derrota momentânea.

Faça o seu teste:

Você contrata uma secretária. Três meses depois, ela não oferece um desempenho satisfatório. Todas as pessoas ao redor dizem que você falhou no processo seletivo e você se mantém no firme propósito de mantê-la no cargo.

Se você age assim porque acredita no ser humano, o investimento é válido e você está usando muita resiliência para suportar os resultados negativos do trabalho dessa profissional, até aquele momento. Porém, se a mantém somente por que "é você quem manda" e "ninguém da empresa tem nada a ver com quem você contrata ou deixa de contratar", esteja certo(a) de que a arrogância dominou tudo e a profissional ficará em sua empresa por muito tempo, oferecendo um trabalho pobre. Além disso, contaminará, energética e profissionalmente o restante da equipe.

A técnica MOTIVAR para você que se encontra aqui é a seguinte: a razão lhe manterá às margens da cegueira laboral. Comece a escutar os instintos inconscientes, onde a arrogância jamais faz morada, já que não tem forças suficientes para chegar ali. No máximo, a arrogância ficará face a face com seu lado consciente, tentando escravizar.

Ouça também as pessoas que gozam de sua mais alta consideração. Elas verão as armadilhas emocionais que nem mesmo você conseguiria identificar (o velho ditado "quem tá de fora vê melhor" pode ser clichê, mas é verdadeiro).

MOTIVAR 2: A resiliência que afasta a arrogância

Para suportar o processo de reestruturação cognitiva, é de suma importância que a resiliência seja entendida como doloroso aprendizado. Eu não cometeria aqui a irresponsabilidade de afirmar que esta qualidade é indolor. É claro que dói, mas edifica.

Como muralhas, ficamos decididos acerca da realização dos próxi-

É Isso!

mos projetos, e nos alimentamos de resiliência para combater a arrogância. Para ficar mais evidente, vamos trabalhar sob a ótica metafórica:

A manteiga no pão quente que tanto apreciamos durante o desjejum em família, o torna saboroso. O pão apresenta nesta metáfora a qualidade da arrogância como o alimento "mais desejado" na mesa. Se o pão não tiver resiliência suficiente para dividir o "pódio" e entender que sem a manteiga, cremosa, cheirosa e derretida, ele será apenas um aglomerado de farinha e fermento, passará da posição de estrela do café da manhã para coadjuvante, e dará lugar talvez, ao bolo ou às frutas, por sua arrogância.

Na vida, tentando brilhar a qualquer custo, muitas vezes somos pão e não percebemos quanta manteiga nos cerca, querendo nos deixar mais "saborosos".

Quando finalmente percebemos nossa postura arrogante, a vida passou, os filhos cresceram, as oportunidades profissionais partiram com a mesma rapidez do surgimento, e o viço da juventude já não aparece na imagem do espelho.

Tudo isso aconteceu e ignoramos o momento em que a vida exigia "suportar um segundo lugar entre os melhores" ou "a divisão do primeiro lugar com mais alguém". A resiliência necessária para lidar com a divisão inexistiu, deu lugar para a arrogância de querer o pódio a qualquer preço, inclusive, destroçando o coração das pessoas mais próximas.

Faça o seu próprio teste:

Imagine, dez anos depois de formar-se em jornalismo, receber um convite para atuar como reserva do âncora, horário nobre da televisão brasileira, no disputado telejornal vencedor da audiência. Se você declina do convite sem nenhuma dúvida ou dor, por que nunca quis trabalhar nessa emissora e pretende focar a carreira, por exemplo, em jornalismo impresso, está tudo certo e nada existe para ser analisado.

Você tem resiliência suficiente para entender que apenas o status não é o fator mais atraente em seus planos. Agora, se recusou por que entende que a função lhe deixaria num status de "reserva", "quebra-galho", "cobridor(a) de férias", então cabe uma reflexão. Segundo a técnica MOTIVAR 2, você não teve resiliência suficiente para afastar o terrível fantasma da arrogância e se assim for, vale considerar a hipótese de que seu perfil se encaixa mais com a técnica MOTIVAR 1. Isso sugere um passo para trás, a fim de admitir que hoje a arrogância se faz mais poderosa que os próprios objetivos.

Prof. Massaru Ogata

O sucesso, entre outros caminhos, resume-se a combater a vaidade e a arrogância, em busca da resiliência edificante.

De outra forma, se a pessoa entende que vivencia a técnica MOTIVAR 2, a minha dica é que mantenha o foco na ação, pois já tem a resiliência na rotina.

A resiliência é fundamental. Contudo, manter-se inerte, apenas lidando com adversidades, forma uma pessoa forte, mas desprovida de ações. Siga os instintos, aprenda com a dolorosa experiência que vivenciou e entre em atividade. Não se permita parar e sofrer apenas "por que a vida é assim mesmo".

A humanidade está atrasada, no mínimo, um milênio. Falta respeito cultural, ecológico, social, político, filosófico e religioso. Sobrou resiliência, mas rareou-se a atitude.

O ponto positivo é que, diferente da técnica MOTIVAR 1, a arrogância não consegue se aproximar das pessoas que mantém a resiliência como alimento diário; são energias que se repelem.

[... quantas vezes eu tentei falar, que no mundo não há mais lugar, pra quem toma decisões na vida sem pensar...] - Gal Costa disse isso na canção composta por Roberto Carlos, em 1969. Repare que Roberto teve resiliência de sobra para entender que esta canção, em particular, fez mais sucesso com Gal.

O momento é de reflexão e assim será, nas próximas décadas comandadas pelas gerações Y e Z, que terão de se preocupar com o seguinte:

A luta maior é quebrar a crença de que as pessoas têm "pouco tempo" para investirem em si, provando que o dia tem 24 horas para todo o planeta?

Ou, a luta maior, prevê demonstrar o alto preço para ser feliz, de acordo com o mais amplo conceito de plenitude?

Os americanos usam a expressão "*no pain, no gain*" e pouco há de importar as diferenças que nos separam. Precisamos admitir, eles estão certos. Existe um preço a ser pago.

É justo que João e José alcancem o mesmo sucesso, sendo que João investiu minutos, horas, dias, meses ou anos, se preparando, enquanto José não o fez?

Pode ser sorte ou pode ser azar, mas a resposta é relativa. O conceito de justiça em benefício do sucesso mudou, e aí vai a resposta:

João investiu, mas não praticou? Seu investimento é nulo.

É Isso!

José estudou menos, praticou, teve resiliência como sentimento primordial para crescer e evoluir, mas permitiu que a arrogância falasse mais alto? Pouco adiantou tê-la consigo.

Finalmente, ofereço as melhores notícias.

Você quer muito e tem disposição para "pagar o preço" de investir em si, sejam quais forem as adversidades? Busque novos conhecimentos. Invista naquilo que você tem de melhor; os três sistemas que representam compreensão sobre a vida. Eis o preço da resiliência como alimento diário:

1) Ver: invista parte de seu tempo para assistir ao material disponível em vídeo de escritores, palestrantes, jornalistas, intelectuais, filósofos, cientistas e programas de conteúdo relevante. Vale também ouvir religiosos de correntes incomuns às suas, cujas opiniões gerem positivas reflexões. Sem contato visual com opiniões diferentes, as suas serão imperativas, e não existe resiliência sem divergência;

2) Ouvir: presenteie a audição com o noticiário, por menos que goste. Prive-se, em algumas ocasiões, das músicas preferidas, no mínimo por alguns minutos, para saber o que se passa em sua região e em seu país. O que acontece diariamente nos ambientes político, social, cultural e econômico, precisa chegar aos seus ouvidos. Do contrário, a arrogância diária de supor que sabe tudo, convidará a refletir: se você não se permite sequer ouvir as novidades, como acha que pode oferecer novidades a quem quer que seja?

3) Sentir: motivados por comportamentos inconscientes e repetitivos, temos a sensação de que a vida passa rápido demais. Vivemos a dizer "este ano passou e eu nem senti" ou "parece que ontem eu tinha quinze anos, hoje tenho cinquenta". Sem a capacidade de lidar com nossas necessidades e mudanças biológicas, neurológicas ou afetivas, não se sente o tempo passar. Ao contrário, tem-se a sensação de que o tempo, as circunstâncias e a vida foram injustos, sem notar que faltou resiliência para sentir as mudanças externas, que não ocorreram por inflexibilidade.

Mudamos para o mundo, antes mesmo que se apresente transformado para nós, segundo aquilo que acreditamos. A diferença é que o mundo não nos culpa pela inércia, mas nós o culpamos por sua aceleração constante.

É isso!

Capítulo 16

FELICIDADE DEPENDE DE DINHEIRO?

Prof. Massaru Ogata

aça esta pergunta para um ribeirinho da quarta geração. Repita a pergunta para um empresário que emprega 500 funcionários. Você verá que as respostas podem ser diferentes.

A cadeia de valores é determinante para entender a felicidade. O dinheiro pode ser relevante se a pessoa o condicionou, desde cedo, como parte indissociável da felicidade, em vez de mero complemento. Isso talvez explique por que tantos sofrem com a falta de dinheiro e se endividem, financeira e emocionalmente.

Levada a acreditar que somente com muito dinheiro seria feliz, a pessoa vê o tempo passar, sem conhecer a felicidade. E com esta ideia registrada desde criança, os exemplos vão surgindo em sua vida. Ainda na infância, vê seu artista predileto na televisão, passando a de lua-de-mel em um castelo. Os adultos comentam que um passeio para a Disney ou os ingressos para o *Cirque du Soleil* custam caríssimo. Ela registra alguns de seus parentes ricos, aparentemente muito felizes. Já adulta, cresce e presencia patrões, amigos, empresários, catedráticos, políticos e uma série de exemplos em sociedade que prosperaram financeiramente e estão felizes em suas posições. A cada percepção, vai reforçando a crença estabelecida no passado, de que apenas

É Isso!

com muito dinheiro a felicidade seria alcançável.

Com o justo desejo de ser feliz, começa uma maratona, cuja linha de chegada não é exatamente a felicidade, mas o dinheiro. E o medo de fracassar no propósito de consegui-lo acaba por conduzi-la até caminhos tortuosos.

A ausência do descanso

A sede exacerbada por dinheiro faz crer que ao a abrir mão das horas de descanso, a pessoa passa a ser "diferenciada" da concorrência e dessa forma, conseguiria a felicidade em menor tempo. Embora a estratégia também funcione, talvez não seja o melhor caminho.

Para ser feliz, o ser humano precisa de um tempo para descansar o cérebro e prepará-lo para as próximas atividades, pois o cérebro "ligado em 220 volts" vai usar seu último recurso para fazer os corpos que comandam descansarem: deixá-los doentes.

Se você nutre dúvidas desse poder neurológico, observe as pessoas que quase não param, desligam ou descansam. Repare quantas vezes por ano vão ao médico, não a fim de prevenir, mas para sanar doenças oportunistas, que eu chamo, carinhosamente, de "doenças corporativas".

Por exemplo, se a pessoa tem estado insone por conta das inúmeras preocupações com o trabalho, observe que o cérebro dará um jeito de gerar o "kit gripe" (coriza, inflamação nas amídalas e febre), por uma razão simples; a gripe derruba o corpo, fazendo-o deitar e descansar, na marra.

Quando os sintomas da gripe desaparecem, a pessoa costuma dizer que está ótima, credita sua melhora aos remédios que tomou enquanto acamada, e nem percebe que se sente muito bem por que fez algo que não tem por hábito; descansar e dormir. Dois dias de cama e está renovada. De forma cíclica, ela retoma os comportamentos estressantes, a insônia também volta, imperativa, e em breve virá a próxima gripe, como estratégia neurológica para preservá-la.

Não é a quantidade diária de horas que faz a pessoa ganhar mais dinheiro, mas a assertividade. Se a pessoa fica acordada, em média, dezesseis horas por dia, em no mínimo seis delas, o cérebro deve desligar-se, por completo, do trabalho.

Apresento uma proposta para fracionar o dia em busca da melhor gestão do tempo:

Prof. Massaru Ogata

Desligamento neurológico do trabalho

Atividade	Tempo sugerido
Atividade física, de preferência pela manhã	90 minutos
Café da manhã em companhia de amigos ou da família	30 minutos
Almoço em companhia de amigos ou da família	60 minutos
Jantar em companhia de amigos ou da família	60 minutos
Leitura	60minutos
Lazer em família, para diálogo, carinho e dedicação	60 minutos

Através de um cálculo parecido com este, um bom referencial se estabelece e algumas reflexões se tornam convidativas.

Você não consegue dedicar uma hora e meia do dia, em dedicação ao seu templo, que é o corpo?

Você toma café às pressas, engole qualquer coisa na extrema solidão, de pé?

No almoço, você pede para entregarem um lanche qualquer, que engole rapidamente, enquanto lê os e-mails?

Você consegue jantar com a família e dividir com eles como foi o seu dia, além de se interessar pelo dia deles?

Você reserva, no mínimo, uma hora por dia, para ler e se atualizar?

Você consegue dedicar uma horinha do dia para os amores de sua vida, ainda que seja para assistir a um programa qualquer na televisão ou brincar com os filhos, e conversar alegremente com as pessoas que dividem o lar contigo?

A maioria das famílias brasileiras não tem uma "calculadora emocional" para medir, como acabamos de fazer, quanto do dia conseguem dedicar a si e às outras pessoas importantes.

O foco incessante no trabalho e a crença de que quanto mais trabalha, mais rico ou feliz será, separou muitos casais, destruiu diversas famílias e não trouxe o dinheiro que se aspirava. Ao contrário, trouxe dívidas.

Quem "corre" o tempo inteiro, adoece nos critérios físico, emocional e financeiro. Cedo ou tarde, toda doença custa caro, sob todos os aspectos. A boa notícia é que se houver equilíbrio, conforme a sugestão que ofereci, restará ainda algo em torno de dez horas diárias que podem ser dedicadas a um dos maiores prazeres da vida; o trabalho. Mas, leiam bem o que eu escrevi: prazer.

O trabalho realizado por obrigação é cancerígeno e mesmo que

É Isso!

seja um labor que se ama realizar, quando toma o precioso tempo que deveria ser dedicado ao descanso, transforma-se, para o sistema neurológico inconsciente, em obrigação.

Em suma, o trabalho felicita e dá muitos frutos financeiros, desde que seja observado e praticado como exemplifiquei, ou de maneira semelhante.

A tabela é muito válida para os dias úteis. Ainda é importante que se definam ações, e nesse caso, não posso exemplificar, para o lazer. Cada pessoa tem seu estilo de vida, mas é razoável que os finais de semana não sejam apenas dedicados ao trabalho (ou o descanso ao meio da semana, caso o seu trabalho não permita fazê-lo aos finais).

As pessoas costumam dizer, com certa aura de dignidade, que "não sabem o que é tirar férias há anos", como se fosse grande mérito. A cada ano em que se ignora o descanso, uma ferida se abre em todas as demais áreas da vida, desprivilegiadas de atenção.

Talvez, ao abrir mão de tudo que citamos, a pessoa consiga muito dinheiro. Neste caso, a chance de gastá-lo com remédio para as enfermidades, divórcios, psicólogos e tantos outros profissionais, é grande.

Um filho lindo, criado pela babá durante a infância inteira, deveria nos fazer questionar a rotina. Nunca lembrar de dizer para a pessoa amada "eu te amo", alegando que o dia é corrido demais para essas coisas, pode ter consequências de longo prazo. Ter pais vivos, mas não visitá-los com frequência, talvez resulte em culpa, quando eles partirem.

É quase insano o comportamento de distância da família em nome da "caça pelo dinheiro que trará a felicidade". Essa busca desordenada representa um bloqueio natural para ser feliz.

A fatia da população que age menos preocupada com as posses, tende a viver mais e com melhor qualidade. Consegue dissociar a felicidade da obtenção de dinheiro.

No início do texto, citei a população ribeirinha. Podemos listar também os povos indígenas e as famílias que vivem às margens da miséria, em lugares distantes das grandes capitais. Essas pessoas conseguem mais felicidade por que não a calculam em longo prazo, como a sociedade, em geral, o faz, mas buscam por ela diariamente, nas coisas simples.

Duas refeições por dia fazem felizes e sorridentes muitos pais que conseguem alimentar a família. Ter água abundantemente, em algumas regiões brasileiras, é um desejo tão premente quanto o carro de luxo, em outras.

Prof. Massaru Ogata

Mesmo para aqueles que não passam por privação de itens, como os índios e ribeirinhos, por exemplo, a felicidade é almejada todo dia, pois o desafio da obtenção de itens básicos, como a caça e a busca por água potável, mantém seu foco direcionado aos objetivos mais simples e pontuais. A existência ou não do dinheiro é só uma questão, sem poder para tirar-lhes a união.

Então, somente os ribeirinhos e índios são felizes?

Não, é claro que não estou sugerindo isso. Sugiro o equilíbrio. Quem não busca a felicidade com fervor, decerto não vai encontrá-la, e quem busca o dinheiro como única ferramenta possível para ser feliz, vai sofrer nessa luta inglória e descobrir, adiante, que não era nada disso.

Você pode ou não aprovar o artista, isso não está em discussão, mas o fato é que Raul Seixas, um dia, compôs uma letra que dizia:

[... gente é tão louca, e no entanto, tem sempre razão. Quando consegue um dedo, já não serve mais, quer a mão. O problema é tão fácil de perceber, é que gente nasceu pra querer...]

Para concluir, quero apresentar a armadilha mais invisível que envolve o dinheiro e as pessoas que o vinculam à felicidade.

Na medida em que o trabalho vai proporcionando dinheiro, algumas pessoas passam a consumir de maneira desordenada. Se a felicidade e o dinheiro estiverem misturados emocionalmente, nada mais natural que usar o dinheiro, conquistado com sangue, suor e lágrimas, para obter os itens que sempre desejou. Até aí, não tem nenhum problema, mas o inconsciente é um consumista nato.

Encontrar o equilíbrio de consumo é um dos maiores desafios do ser humano que vincula dinheiro e felicidade. Para fazer frente aos gastos que atenderão a felicidade imediata, as despesas aumentam, a pessoa não percebe e rapidamente, está endividada, pagando juros sobre juros em cartões de crédito, cheque especial e outras "maravilhas" facilitadoras de crédito.

Com o tempo, afogando-se no mar das dívidas, embora trabalhe até os limites da exaustão, inclusive, sem tempo para si ou para a família, a pessoa começa a ficar emocionalmente endividada. Passa a sentir culpa por trabalhar tanto e "ter tão pouco", por dedicar tantas horas a labutar, sem livrar-se da instituição financeira.

Como escapar da arapuca armada pelo endividamento

Quero compartilhar algumas estratégias que podem nos manter longe do endividamento financeiro e emocional.

É Isso!

Descubra o que você entende por felicidade e não se guie pela sociedade.

Acreditar que só o dinheiro traz a felicidade desejada, não chega a ser um problema. Toda crença merece respeito. Procure, entretanto, acreditar também na base contrária, ou seja, que a felicidade traz o dinheiro.

Pessoas amarguradas, ansiosas e caçadoras de dinheiro, criam um campo energético que parece afastá-las da prosperidade. Quem prefere viver feliz por feliz, independentemente das circunstâncias, recebe da vida recursos para vencer. A partir daí, basta que se evite a estagnação, a mesmice comportamental, partindo para a ação efetiva em busca do sonho maior, por mais difícil que pareça.

Tome nota, em detalhes, de seus gastos, e será possível ter uma ideia aproximada de quanto é investido em áreas onde supõe que os gastos sejam irrelevantes. Você pode se surpreender com os números.

Em vez de investir boa parte do tempo reclamando da falta de dinheiro, prefira fazer o mesmo investimento em formato de gratidão; por ter uma vida, um trabalho, uma família e alguns amigos leais. Agindo assim, o mesmo dinheiro que antes escorria pelo ralo, vai brotar como planta.

Preocupe-se verdadeiramente com as pessoas. Ações altruístas, praticadas de coração, funcionam como um combustível para a felicidade. Quem não consegue tempo e disposição para nenhuma contribuição social com quem mais necessita, distancia-se da felicidade.

Pergunte-se: você realmente acredita que dinheiro traz felicidade ou é uma crença que ensinaram e você tem alimentado por toda a vida? A linha que divide felicidade de conforto material pode ser muito tênue ou de maior espessura. Cabe a cada um medi-la, dosá-la ou abandoná-la em busca de outras linhas limítrofes, traçando novas ligações para a vida. Em vez de felicidade e dinheiro, felicidade e família, felicidade e carreira, felicidade e espiritualidade e assim por diante.

Toda escolha assumida requer um preço a ser pago e a decisão de relacionar felicidade e dinheiro não é exceção. Ao contrário, o preço talvez seja muito mais alto quando o dinheiro é eleito agente de sua felicidade.

É isso!

Capítulo 17

A FELICIDADE MENSURÁVEL E SUAS FRONTEIRAS

Prof. Massaru Ogata

Passamos a maior parte da vida comprando crenças universais, sem notar que por essência, somos unos. Não é por que vivemos em sociedade que devemos unificar as crenças.

O objetivo deste texto é provar que a felicidade existe e pode ser medida. Imagine uma situação:

Você atuava como gerente em determinada empresa, com salário mensal era de 20 mil e, de repente, foi demitido. As contas surgem de todos os lados. O dinheiro sai por portas e janelas, sem entrar de volta. De repente, até as necessidades básicas começam a faltar. Para agravar, o salário estava muito acima do mercado e por mais que procure, não encontra uma oferta que tenha similaridade financeira.

Após seis meses procurando, sem êxito, prestes a entrar em depressão pelo medo do iminente fracasso, surge uma proposta de trabalho. Os ganhos representam ¼ de seus antigos rendimentos, portanto 5 mil. Por outro lado, garante a sobrevivência. Observe dois cenários:

1) Você não pode calcular a felicidade por ter conseguido o novo trabalho. É uma felicidade parcial, já que preencheu o critério emocional da urgência, e não completou a satisfação financeira. Neste sentido, é justo dizer que a "felicidade não existe";

É Isso!

2) Ao receber o primeiro salário, você passa pelo supermercado, compra os itens básicos, e investe em diversos produtos dos quais abrira mão durante o período de desemprego, por classificá-los supérfluos. Ao chegar em casa, você chama o filho de dez anos, abre as sacolas, mostra os iogurtes, chocolates, cereais e diversas sobremesas preferidas dele. O garoto olha tudo aquilo e diz:
— Quanta coisa pra mim. Obrigado, papai!

Ele pula em seu pescoço, dá o abraço mais forte e sincero do mundo. Esta felicidade existe e dá para ser medida. Só sabe o tamanho dela quem experimenta uma situação, no mínimo, semelhante.

Em outro exemplo, você lutou por muitos anos, até chegar o dia da formatura em medicina. Investiu tempo, dinheiro e energia para ser médico. O primeiro ano de trabalho não traz retorno financeiro. Em vez disso, você sofre muito para ocupar 100% da agenda de pacientes. Após quatro anos, os resultados começam a surgir e somente uma década depois da formatura, a carreira gerou a justa recompensa financeira. Vejamos as duas possibilidades:

1) Esta felicidade não pode ser medida. Você prosperou no critério de reconhecimento, mas não foi tão assertivo no quesito tempo. Afinal, demorou dez anos para ter êxito, enquanto muitos médicos prosperam três anos depois de formados.

2) Dez anos depois, com a carreira consolidada, entre tantas vidas que salvou como profissional da saúde, uma em especial marca a carreira. O garotinho de cinco anos, vítima de câncer, entre a vida e a morte, pouco antes de ser operado, pergunta:
— Eu vou morrer ou você vai me salvar?

Após horas lutando contra a morte, a cirurgia corre muito bem. Meses depois, exames revelam que o câncer foi vencido. Esta é uma felicidade que existe e pode ser medida.

Eu poderia usar este capítulo inteiro para discorrer sobre felicidades mensuráveis. São tantos exemplos...

Mães e pais acordam antes do alvorecer, vencem quilômetros a caminho do trabalho, voltam para casa, tarde da noite, e têm poucos momentos por dia para ficar com a família que tanto amam. Quando o amor titubeia, estes pais deixam de ver sentido nestes esforços. É aí que a separação passa

Prof. Massaru Ogata

a ser uma escolha cogitável e as famílias acabam. Quando tudo corre bem e o amor impera, a felicidade pode sim ser "medida".

Quanto vale o amor do filho representado pelo abraço, ao término do labor diário?

Provavelmente, você pensou que "isso não tem preço". Assim é a felicidade calculada. A exatidão é tão profunda que nenhum número poderia representá-la. Existe, entretanto, um ponto demarcado entre a felicidade calculada e as suas fronteiras.

Você não precisa aprender cálculos de felicidade. Não quero propor isso, até por que a matemática não apresenta um número tão exato. Vale entender a necessidade de valorizar momentos felizes, para não se perder nas emaranhadas teias fronteiriças à felicidade, que juntas podem ser batizadas como distração.

A vida é sábia e exige que as pessoas, a caminho da felicidade, passem pelas linhas distraidoras, para que possam honrá-la quando a conseguirem.

As pessoas que saltam as linhas de distração e chegam diretamente até a felicidade, encontram uma porta não totalmente aberta, no máximo entreaberta, com risco de ser fechada rapidamente. Não há um exemplo, dentro ou fora do Brasil, de alguém que simplesmente foi feliz. Sem exceção, cada pessoa passou pelas linhas de distração.

O hemisfério direito do cérebro sabe que a pessoa está quase chegando lá, e muitas vezes desiste diante das portas da felicidade, dando ouvidos ao lado esquerdo, lógico, racional, calculista nato, que diz:

— Pare aí. Você pode se machucar!

O mais curioso é que a vida não impõe as linhas de distração de maneira padronizada. As leis que regem o mapeamento da felicidade providenciam que em cada área, exista uma distração.

Quando a carreira estiver próxima do ápice, deve-se ter cuidado e resistir à tentação de não aceitar o cargo maior, por medos avassaladores e incertezas fantasmagóricas.

A maior parte desses medos não existe, de fato. São truques do cérebro esquerdo que deseja nos preservar a qualquer custo e a felicidade, por sua vez, não combina com aleatoriedade nas medidas.

Trace o equilíbrio, escute parte do que diz a razão, sem a postura "oito ou oitenta". A distração na carreira, quando se busca a felicidade, é repre-

É Isso!

sentada pelo medo de mudar, investir, ousar, criar e aceitar.

Quando o amor bater à sua porta, a distração de fronteira não será só o medo. O foco do cérebro esquerdo será a zona de conforto, a preservação do status quo, para evitar possíveis sofrimentos.

Ao protagonizar o papel mais importante da vida, que é encontrar a pessoa com quem dividirá a intimidade e o futuro, o lado esquerdo do cérebro fará o possível para que não ceda e permaneça na individualidade. A estratégia distraidora é muito simples; os lados direito e esquerdo se confundem. A princípio, fomos criados para ser felizes a partir de nós e de repente, a vida propõe uma "felicidade compartilhada", inicialmente assustadora.

Com resiliência para superar a distração maior, que sugere o amor como "egoísta", a transformação de duas essências em uma dá boas-vindas à felicidade mensurável.

E que tal, neste ponto da reflexão, dar mais crédito ao lado esquerdo e racional do cérebro? Na medida em que vamos defendendo a importância de dar atenção ao lado emocional desta perfeita máquina com a qual fomos presenteados, pode ficar a impressão de que o lado direito do cérebro é mais importante. Não é bem assim.

Quando o assunto é saúde, por exemplo, que você use o máximo possível da lógica, do racional. Ao escutar uma "voz dentro de si", pedindo que faça exames, que se cuide e faça exercícios físicos; escute o lado esquerdo do cérebro, pois você recebeu um comando calculado e o corpo precisa se exercitar.

Se você sentir vontade de comer banana, não ignore. O corpo precisa de potássio. Quando aquele "gestante desejo" de comer beterraba parecer tão prazeroso quanto uma picanha, ferro e ácido fólico requerem atenção.

O cérebro é emocional, lógico e perfeito. Porém, temos dificuldade de sentir, ver e ouvir a dualidade de seus comandos.

Haverá um momento na vida, em que subitamente, sem nenhuma explicação ou influência de terceiros, você sentirá uma irresistível vontade de marcar exames, fazer o chamado *check-up*.

Entenda a maravilha que carregamos na parte superior do corpo. O lado esquerdo do cérebro dispara o alarme preventivo e rapidamente, o direito produz hormônios de bem-estar, para fazer você sentir, ao imaginar-se com os resultados dos exames em mãos, como será bom estar saudável.

Prof. Massaru Ogata

Tendemos a distorcer esses comandos e antes mesmo de ir ao médico, já começamos a imaginar que os exames vão apontar algum problema.

O cérebro, então, adota uma nova postura. Já que comandou a necessidade de exames e foi desobedecido, ele agora vai trabalhar exaustivamente para que eliminar pensamentos doentes.

Como seres humanos, racionais e pragmáticos, podemos até duvidar que toda doença tenha origem no cérebro, para depois tornar-se física. O cérebro não tem nenhuma dúvida...

Quando o cérebro consegue nos convencer que está tudo bem, uma crença pode ter sido formada e convenhamos, é comum ouvir as pessoas dizerem isso:

— Só de pensar em ir ao médico, já fico doente!

Sacóvisky?

Este é um momento de extrema emoção. Prometi que entregaria um livro ao público Alpha e como sempre, estou cumprindo a promessa. A congruência entre o que se promete e o que se entrega é um norte em minha vida, é uma bússola pessoal. Esperei 70 anos para acumular experiências e entregar um legado escrito para a sociedade. Posso registrar uma emocionante certeza; eu estou pronto e quase lá. Vamos à etapa final da obra...

É isso!

Capítulo 18

A CÉLEBRE ARTE DA DEDICAÇÃO

Prof. Massaru Ogata

A dedicação tem origem nos recônditos do egoísmo, pois é preciso estar bem antes de dedicar-se a uma causa ou pessoa. O primeiro passo é entender esta célebre arte em totalidade.

A dedicação em família

Alguns pais alegam que fariam qualquer coisa pelos filhos. Ao afirmar isso, mesmo munidos de boa vontade, não percebem o poder escondido em suas palavras. Fazer qualquer coisa é o mesmo que fazer de qualquer jeito ou fazer por fazer, sem cobrança de acerto.

O tempo passa, os filhos crescem e saem em busca da conquista do mundo. Como passaram a vida escutando os pais dizerem que fariam qualquer coisa por eles, também repetirão que fazem qualquer coisa pelas pessoas a quem admiram. É a herança da relação piramidal e genética de dedicar-se, mesmo sem compreender o que isso significa em amplitude.

Dedicar-se é oferecer alguns minutos de nossas vidas à análise comportamental daqueles que amamos. É abrir mão dos sorrisos coniventes quando vemos os familiares em difícil e constrangedora situação, enquanto a maioria dá um sorriso amarelo e diz "que legal", mas vira as costas, e pensa "ele vai ter problemas com isso".

É Isso!

Dedicar-se é investir tempo, minutos, horas e dias, para escutar nossos interlocutores de mesmo sangue, sem julgar, opinar ou defender verdades nas quais acreditamos. É ter, ao mesmo tempo, discernimento para identificar a linha tênue que separa o silêncio respeitoso do momento certo de ter coragem e dizer com franqueza:

— Eu não concordo com o seu comportamento, mas respeito a sua escolha, porque te amo!

Com a experiência de quem usa a dedicação ao ser humano como "trabalho e lazer" aos finais de semana, posso afirmar que existe um preço a ser pago para dedicar-se. Mais uma vez, o equilíbrio.

Assim que a humanidade entender que o dia tem 24 horas para todos, o tempo deixará de ser pretexto por não ter investido alguns minutos em companhia dos filhos, não ter visitado o amigo querido, ou não ter passeado de mãos dadas, com o grande amor da vida.

Além disso, é importante encontrar tempo para as pessoas das relações profissionais, que esperam nossa dedicação. Aliás, o conflito nas áreas pessoal e profissional, nasce da falta de dedicação. Acredite, é possível conciliá-las.

Como todo grande desafio traz uma boa notícia, o sofrimento é temporário, mas a recompensa é para sempre. Depois que administrar o tempo para promover a célebre arte da dedicação em família, vencer nos campos pessoal, financeiro e emocional é uma realidade de curto prazo.

Para simplificar a questão, quero apresentar mais dois elos da vida que exigem dedicação intensa; o mundo dos negócios e os estranhos.

A dedicação ao mundo dos negócios

A linha que separa a liderança servidora da liderança permissiva é muito tênue. As autoridades corporativas e os formadores de opinião têm trazido à discussão esse assunto que ainda gera muita polêmica, a liderança servidora. Será o modelo mais oportuno, considerando que a liderança também deve adotar comportamentos austeros ou, no mínimo, menos complacentes?

O primeiro ponto é a reflexão. Para liderar pessoas, o mercado de treinamento oferece técnicas, estratégias, dez passos disso ou daquilo, fórmulas, métodos, afirmações lógicas e toda sorte de apoio planejado, como se fôssemos móveis, com medidas calculadas para encaixar na sala.

É claro que não vou negativar ou menosprezar o trabalho dos meus colegas de profissão. No fim, sem dedicação ao ser humano, não existe resul-

Prof. Massaru Ogata

tado promissor. Daí a necessidade da liderança servidora, que reúne características baseadas em poderosa e única ferramenta de gestão; a servidão.

Negociações exigem pressão, mas vamos refletir que a pressão exercida na base da chibata se mostrou, no século passado, um combustível potente rumo ao fracasso das empresas. Prova indiscutível disso foi a criação das leis para evitar o assédio moral, que deram adeus aos tempos em que tarefa não cumprida a contento resultava no líder ofendendo o colaborador.

Exceto por alguns grandes líderes, nas décadas anteriores, tínhamos chefes com poder. Porém, os tempos mudaram. Do século XXI em diante, mesmo nos momentos em que o líder precisa ser enérgico, pode atuar como servil. É perfeitamente possível chamar a atenção das pessoas lideradas com sincera servidão, para dividir com elas o pesado fardo das eventuais falhas momentâneas ou dos sucessos atingidos, pois é horrível carregar o peso do erro nas sombras da solidão e não tem graça comemorar o êxito sem a equipe.

Cabe observar e praticar duas ações de dedicação às pessoas da equipe, inerentes ao perfil dos líderes servidores, que têm ocupado as mais disputadas cadeiras e carreiras do mundo dos negócios.

1) Quando as pessoas da equipe tiverem cometido alguma falha, ajude-as a transportar o fardo do erro, em vez de distanciar-se na vaidosa bolha da perfeição e olhar para elas como se fossem "menores". Sozinhas, elas não conseguem descartar os erros para muito longe, mas com o líder, muitos quilômetros podem ser alcançados e a grande vantagem dessa célebre atitude é que, quanto mais longe os erros forem despejados, menor a chance de reincidência; 2) Líderes servidores serão confundidos com líderes românticos, por que alguns supostos "gurus da liderança" defendem que a estratégia do servidor é fadada ao erro. Esses gurus não sabem que a servidão como característica é uma ferramenta poderosa de desenvolvimento humano. Números e metas não factíveis para os líderes despreocupados com pessoas, são fáceis para os servidores, pois estes não conquistam metas, mas pessoas. A partir da conquista pessoal, a meta é uma consequência prazerosa e natural.

Em suma, líder servidor precisa de muita resiliência para lidar com as críticas. Assim que mostrar resultados, oportunidades surgirão por todos

É Isso!

os lados e adiante, para não admitir o sucesso da servidão, os críticos dirão:

— Que sujeito de sorte, todo romântico e conseguiu este case? Eu dou tudo de mim, levo minha equipe na rédea bem curta e não consigo sucesso. A vida é injusta mesmo!

A dedicação aos estranhos - o maior de todos os desafios

A mais complicada de todas as formas de dedicação é servir às pessoas desconhecidas, como o conceito que utilizamos na formação de treinamentos comportamentais: "fazer o bem, não importa a quem".

Nos treinamentos, os participantes sobre os quais quase nada sabemos e tampouco jamais vimos, entram em nossos salões, corajosos e desejosos por mudanças que todo aprendizado oferece, ainda que exija o preço de abandonar comportamentos viciosos.

Treinadores que se dedicam de corpo e alma ao que fazem, são tomados por uma sensação mágica no início de seus eventos. Uma bomba de adrenalina explode no sistema endócrino e adotamos um comprometimento de nível paternal.

Treinadores que são líderes servidores por excelência, se tornam garçons das emoções e tratam os participantes como se fossem de suas famílias, com cuidado, ética, delicadeza, respeito e cumplicidade, fatores primordiais para o melhor aproveitamento em qualquer sala de aula.

Os treinadores não encontram esses e outros ingredientes nas prateleiras. Somente a dedicação aproximará o participante do treinador, a ponto de embarcar na maior imersão que já experimentou. O mesmo ocorre na relação corporativa, entre colaboradores e líderes.

Não é apenas no ambiente de desenvolvimento humano que este nível de dedicação deve ser aplicado. Os donos de restaurante, por exemplo, devem dedicar-se, sem saber quem se sentará nas cadeiras. Neste caso, a célebre arte da dedicação consiste em experimentar, antes dos próprios clientes, as especialidades servidas. Aferir se o conforto é o ideal, se a temperatura do ambiente está propícia, a disposição das mesas está satisfatória, a quantidade de garçons atenderá, com rapidez e gentileza, as mesas oferecidas e principalmente; assegurar se a satisfação absoluta está garantida. Este exercício diário separa empresários de sucesso daqueles que passam a vida reclamando.

Os clientes não procuram só "comprar comida". Eles têm a sensação inconsciente da "vitória" por conseguir bom alimento, em analogia ao tem-

Prof. Massaru Ogata

po das cavernas, época na qual que precisávamos caçar para ter a refeição.

O mesmo ocorre na filantropia. Não importa quanto dinheiro você tenha. Será fundamental dedicar-se às pessoas que jamais viu, sem nada querer em troca, e algum tempo deve ser reservado para isso. Você pode colaborar como voluntário em organizações que zelam por pessoas com necessidades especiais, idosos, ou, caso não consiga, pode colaborar financeiramente. Outra probabilidade é ser útil com a ferramenta de trabalho. Quem é florista, pode doar parte de seus produtos para colorir e alegrar ambientes insalubres. Quem é vendedor, pode vestir a camisa de uma organização como a AACD, por exemplo, e distribuir *flyers* deles. Quem é confeiteiro, pode levar seus bolos para hospitais de combate ao câncer infantil, devolvendo um sorriso ao sofrido semblante, naquele sábado nublado, em que você acorda e precisa fazer uma escolha entre ficar sob o edredom ou "servir", de alguma maneira, ao mundo.

Ofereci alguns exemplos de dedicação às pessoas que jamais vimos. Seja qual for o seu ramo, encontre uma forma de dedicar-se, sem comprometer os sonhos pessoais e profissionais.

Qualquer pequena tarefa individual, multiplicada em ações diretas, pode mudar o país, o planeta. E duas opções estão reservadas para cada ser humano.

1) Entrar em atividade, fazer a própria parte e influenciar pessoas a dividirem as prazerosas atividades filantrópicas;

2) Passar pela vida discursando sobre a necessidade de atividades beneméritas, compartilhar nas redes sociais as atividades de pessoas que fazem a diferença nesse campo, e assisti-las de camarote, sem fazer nada.

Para saber se você tem feito algo, uma pergunta-teste, recheada pela matemática, pode servir como resposta.

Qual é a sua idade? Faça um cálculo mental para descobrir, em números, quanto tempo de sua vida conseguiu dedicar-se e servir ao ser humano?

Se você tem, por exemplo, 40 anos e durante 6 meses, trabalhou como voluntário(a) em um projeto social, cerca de 1,5% de sua vida foi usado na dedicação ao próximo. Sua interpretação decidirá se a constatação foi satisfatória. Meu papel é apresentar uma análise, talvez inédita, em suas reflexões. Caso o resultado tenha lhe surpreendido positivamen-

É Isso!

te, parabéns! Do contrário, faça a conta ao contrário e estabeleça metas para praticar a célebre arte da dedicação, a partir da matemática:

Qual é a minha idade e a expectativa de vida menos longeva?

Digamos que você tenha 30 anos e a expectativa de vida menos otimista, 60 anos. Logo, você tem 50% de vida, no mínimo, para dedicar uma parte ao altruísmo. A partir desta reflexão, faça uma nova pergunta.

O que vou fazer, por ano, mês ou dia, para dedicar-me às pessoas que não conheço?

Guie-se através destas cinco estratégias, para separar utopia de realização:

Meta – quem são as pessoas ou quais são as organizações que ajudarei?
Objetivos – o que vou fazer por elas?
Planejamento – como vou colocar em prática e quando irei realizar?
Ação – agora que comecei a praticar, como irei policiar meus resultados?
Execução – os resultados agradam essas pessoas que estou ajudando, e também me satisfazem?

A célebre arte da dedicação, por meio do altruísmo, é um dos pontos cruciais da felicidade em todas as áreas. Todavia, você talvez alegue que até hoje, nunca fez trabalhos voluntários ou dedicou-se aos estranhos. É um direito seu e isso não faz de você uma pessoa melhor ou pior; mas reflita que o mundo moderno respira ações de sustentabilidade, doação pessoal e empresarial. Você vai ficar de fora?

Não vou ficar surpreso, se nos próximos anos, as ações sustentáveis para o planeta sejam requisitos de contratação para uma grande empresa.

A preocupação da iniciativa privada com a ecologia no planeta é efetiva e, daqui em diante, eterna. O segundo passo é a iniciativa pessoal, indispensável aos próximos séculos. Portanto, dedique-se por você, pelos filhos e netos, pela sociedade, pelo planeta.

Ações isoladas ganham amplitude, inspiram outras ações e transformam o mundo. Eis aí a célebre arte da dedicação, testada e desafiada. Resta apenas fazer a nossa parte.

Eu estou pronto. E você?

É isso!

Capítulo 19

O MELHOR AMIGO DO HOMEM É O PRÓPRIO OU O SEU CÃO?

Prof. Massaru Ogata

Se o ser humano conseguisse ser tão fiel a si quanto o seu cão é a ele, a maioria dos psiquiatras e psicólogos procurariam outra ocupação. A proposta deste capítulo não é amainar as relações sólidas que temos com nossos amados bichinhos. Eu tive uma *rottweiler* chamada Brenda, fiel companheira de caminhadas diárias. A despeito do que se especula entre desconhecedores da raça, é de uma meiguice que mais parece felina do que canina.

Brenda, que infelizmente morreu e deixou muita saudade, me oferecia provas de sua amizade, lealdade e amor. Ao mesmo tempo, também aprendi com ela uma grande lição. É imprescindível que "me" ofereça semelhante potencial de fidelidade.

Milan Kundera ponderou da seguinte forma: "Os cães são o nosso elo com o paraíso. Eles não conhecem a maldade, a inveja ou o descontentamento". Kundera estava certo. Somos nós, humanos, os especialistas em desenvolver e alimentar essas características.

Quando o ambiente que nós criamos fica insuportável, inevitavelmente vemos no amigo de estimação o amigo que "o espelho" não tem refletido.

É Isso!

E os amigos humanos, o que dizer deles?

A traição está presente em sociedade, desde que não éramos letrados. Nos tempos das cavernas, onde a fome era excruciante, quem haveria de dizer que diante das raras caças que surgiam, não matamos nossos irmãos por um naco de carne?

Através do tempo e da experiência, aprendemos a conviver de maneira civilizada, evoluímos nossos padrões de higiene coletiva e extirpamos as doenças contagiosas que mataram tantas pessoas. Mas a disputa por dinheiro e poder também cegou muitas pessoas ao longo da formação de nossa sociedade.

Impérios foram destronados por espertalhões, numa época em que as leis eram frágeis, assim como as terras cacaueiras do nordeste mancharam-se com o sangue de muitos inocentes, na guerra por qualquer metro quadrado do ouro amarelo.

As traições e disputas também ocorreram entre fazendeiros, seringueiros, políticos, autoridades, militares e principalmente, sob outra ótica; entre pessoas.

No auge da ilicitude social, por assim dizer, desde que éramos um país colonizado, as traições entre amigos, parentes e casais, geraram um cenário de banalização comportamental. Gerações conviveram observando disputas resolvidas no fio do bigode e na lei olho por olho, dente por dente.

Nada mais natural que eleger, portanto, os nossos animaizinhos como o melhor amigo do homem, posto que os nossos comportamentos, durante muito tempo, foram tão enraizados em esperteza, traição, falsidade, que ficou difícil confiar nas pessoas.

Uma sociedade com tais origens sofre centenas de anos para eliminar a desconfiança entre os semelhantes. No século XXII, provavelmente nossos netos, bisnetos e tataranetos dirão:

— No tempo de nossos bisas, a confiança era tão pequena, que o melhor amigo do homem era considerado o cão. Ninguém confiava em ninguém.

O excesso de permissividade, a impunidade política que assola nossa nação e outras, em desenvolvimento, terão seus dias contados. As novas gerações serão dotadas de vozes que não silenciam diante da corrupção, da improbidade e da incompetência. As leis serão mais austeras. A agricultura, o sistema carcerário, a educação e a tributação sofrerão justas reformas. A

Prof. Massaru Ogata

constituição não sairá ilesa da série de reformas que o próximo século testemunhará. Emendas e manobras serão eliminadas, ou, no mínimo, reduzidas.

A participação feminina nas decisões mais importantes da sociedade, merecidamente, crescerá. E diante de tantas mudanças, da evolução social amparada por leis rigorosas, a sociedade vai contemplar um caminho próspero, uma nova percepção.

Em vez da tradicional frase "o cachorro é o melhor amigo do homem", as próximas gerações usarão uma frase diferente e muito mais evoluída.

Sou tão amigo e fiel a mim, quanto o meu cachorro.

A partir desta percepção, cabe ressaltar que os comportamentos individuais se replicam na interação. Quem é fiel consigo, também tende a usar lealdade, respeito e ética com os outros. É um caminho que nos leva a evoluir como sociedade, e a ausência desta filosofia de vida, se é que podemos classificar assim, nos impede de crescer.

Os amigos se tornaram, em função do passado, "traidores em potencial". Observamos quem se gabe por "não conseguir fechar uma mão", isto é, não possuem sequer cinco deles. Em uma sociedade mais evoluída, as pessoas lamentariam a falta de amigos confiáveis. No nosso caso, parecemos ter orgulho disso, como se fôssemos mestres em seleção e recrutamento de amigos.

Não podemos selecionar amigos através de "metodologia", como faríamos ao contratar um profissional para a empresa, pois nossas vidas merecem amigos e não colaboradores. Queremos pessoas com quem possamos desabafar, rir e chorar, e não alguém que possa gerenciar nossos sentimentos. Vamos procurar respostas para esse labirinto, por meio de cinco reflexões.

1) Merecemos dar uma chance para as pessoas que surgem em nossa vida, à procura de amizade, sem agir com aquela característica desconfiança. Não estou afirmando que devemos dispensar cuidados, mas que é desnecessário "represar e murar" a capacidade de fazer amigos;

2) Assim que começam, nas empresas, os novos colaboradores são julgados e condenados. Adiante, até ganham uma chance real de serem acolhidos. Basta disso. As pessoas não merecem julgamento prévio e devem ter a chance de mostrar o seu melhor, desde que a outra parte permita, através da gentileza imediata. Muitos empresários creditam a rotatividade de profissionais aos fatores de mercado, como

É Isso!

salário e benefícios, e poucos refletem acerca do importantíssimo quesito acolhimento. Não é suficiente apresentar um vídeo institucional. O colaborador não vai conviver com a história da empresa, mas com as pessoas que a compõem. É preciso mais que isso. O colaborador merece ser bem recebido, treinado, motivado e inspirado. E deve ter a sensação de que as pessoas o querem ali. Quando acabarem os relacionamentos unilaterais nas empresas, conhecidos como "panelinhas", a rotatividade também diminuirá, por efeito;

3) O passado nos ensinou muito sobre traição. Chegou o momento de ensinarmos amor e amizade para as próximas gerações. Para fazê-lo, congruência é a palavra de maior necessidade. Não é justo, por exemplo, o pai ensinar valores de amor e amizade e fechar-se numa concha protetora, para novos amigos. As novas gerações não entendem o ditado "faça o que eu digo, não faça o que eu faço". Elas exigem congruência;

4) Somos um povo alegre e vivemos num país em fase de evolução, ávido por informações. Ainda assim, lemos menos do que deveríamos. A cultura representa poderoso recurso para formar uma sociedade de pessoas que se confiem. No dia em que o Brasil tiver mais livrarias do que padarias e botecos, a expressão "gigante pela própria natureza" vai fazer mais sentido do que quando Francisco Manuel da Silva a criou;

5) No passado, os professores chamavam os pais até a escola para informar algum comportamento inadequado das crianças. Eles iam até lá, se desculpavam em nome dos filhos pela falta, e em casa, advertiam as crianças, exigiam respeito aos professores e bom comportamento. Hoje, quando a escola convida os pais em semelhante situação, muitos deles reclamam por abandonar a sua rotina muito importante e "mais uma vez" irem até a escola. Alguns, vão ainda mais longe e costumam dizer "eles acham que a gente não tem o que fazer". E quando estão diante dos professores para ouvir o que aconteceu, já "se armaram" para brigar. Esse protecionismo é absorvido pela criança, que cresce sem confiança no professor, afinal os pais a defenderam cegamente. No futuro, essa criança pode ter dificuldades para confiar e ser amiga de outras pessoas. Um dos caminhos restabelecer confiança e amizade é o resgate da interação entre pais e professores, para

Prof. Massaru Ogata

que possam somar forças em favor de uma sociedade robusta.

Talvez ainda não tenhamos analisado que as sociedades evoluídas e a desconfiança generalizada são como água e vinho. O justo momento de refletir sobre isso já chegou e pede premência nas mudanças.

Ainda nos economizamos. Guardamos amor na gaveta, e tiramos dela a desconfiança. Se conseguirmos inverter o que guardar e tirar da gaveta, o futuro saudável da sociedade, em todos os aspectos, estará garantido.

Poucas pessoas conseguem viver em extrema solidão. Como cidadãos, precisamos, em dado momento, compartilhar, comportamento que gera bom convívio e explica o sucesso das redes sociais. Para fazer a minha parte, deixarei cinco reconstruções de frases, para que as pessoas consigam relacionar-se melhor, e sejam fiéis a si, como são os seus amigos de estimação. Longe de ser uma crítica aos autores, é uma homenagem baseada na abrangência lúdica do pensamento...

"A amizade acaba quando começa a desconfiança" – Sêneca

Quando existe amizade, a desconfiança não tem por onde começar – Reconstrução

"Confiar desconfiando é uma regra muito salutar da prudência humana" – Marquês de Maricá

A prudência humana ensina que é salutar confiar sem desconfiança – Reconstrução

"Os velhos desconfiam da juventude porque foram jovens" – William Shakespeare

Os velhos confiam na juventude porque já foram jovens – Reconstrução

"Começamos a desconfiar das pessoas muito inteligentes quando ficam embaraçadas" – Friedrich Nietzsche

Confiamos em pessoas que, de tão inteligentes, têm o direito de se sentirem embaraçadas – Reconstrução

"Convém tratar a amizade como os vinhos, desconfiando das misturas" – Sidonie Colette

Convém tratar a amizade como os vinhos, apreciando cada gota – Reconstrução

Algumas frases e afirmações nos acompanham desde crianças, arma-

É Isso!

zenadas no cérebro. De forma inconsciente, tendemos a segui-las, senão em completude, ao menos como referências. O teor da "frase de uma vida", pode determinar o comportamento, também, para sempre.

Quem disse, em formato constitucional, aconselhável ou familiar, que devemos seguir o pensamento dos formadores de opinião?

Duas das maiores maravilhas do ser humano são as capacidades adaptativa e crítica. Como exemplifiquei, é possível reconstruir pensamentos, e cabe avaliar se existe alguma frase cujo conteúdo tem sido capaz de nos manter em comportamento limitante.

Em caso positivo, peça para a pessoa mais importante do planeta refazê--la; você. Não importa de quem é a frase, se foi apresentada por um vizinho, um grande pensador, alguém da família, um livro, filme ou música. Ficarei feliz em receber um e-mail seu, mencionando de quem, como era, e como se tornou a frase, após a sua adaptação.

massaruogata@uol.com.br

É isso!

Capítulo 20

A TECNOLOGIA ESCRAVIZA OU LIBERTA?

Prof. Massaru Ogata

Nossos filhos e a tecnologia

As crianças da década de 1980 jogavam futebol, brincavam de carrinho de rolimã, brincavam de pega-pega, esconde-esconde, empinavam pipa, e voltavam muito sujos para casa, mas eram imunes à maioria das doenças. Como a maioria das brincadeiras incluía corre-corre, eram crianças magras, de músculos definidos, costelas que poderiam ser contadas sem radiografia. Tinham pouco e controlado acesso tecnológico. Desconheciam a famosa virose que o século XXI encontrou para generalizar males respiratórios. Passavam dois anos ou até mais que isso, sem infecções e afecções.

As crianças de hoje encararam o avanço tecnológico. As ruas dos anos 80, antes com menor movimentação de veículos, cenário perfeito para a criançada, deram lugar às ruas mais movimentadas, restringindo o espaço para as crianças aos *playgrounds*, escolas e parques municipais.

A má notícia é que o índice de obesidade infantil aumentou. A boa notícia é que precocemente, as crianças passaram a ser inseridas em assuntos antes considerados de adulto; liderança, motivação e educação financeira. Os pais do século XXI evoluíram nesses quesitos.

É Isso!

Nota-se que a tecnologia não é nociva para nossas crianças. Nós, adultos, precisamos dela para formá-los rumo ao futuro, mas não podemos colocá-los em dependência.

Podemos presentear os filhos com o mais moderno celular, que registre fotos de belas paisagens em altíssima resolução, mas não devemos deixar de levá-los para apreciar a mesma beleza com os próprios olhos.

Podemos oferecer o melhor computador do planeta, capaz de reproduzir sons em qualidade digital. Porém, é importante levá-los para um passeio no parque, em uma manhã ensolarada, afinal não existe som mais belo que o canto dos pássaros, durante a manhã.

Agora, vamos falar de "gente grande"...

A carreira e a tecnologia

Vamos começar por um teste simples.

Digamos que você seja um contratante e queira pessoas com perfil de empreendedor, seriedade e ousadia. Um amigo indica alguém. Em primeiro plano, "onde" você analisa o perfil dessa pessoa, procurando validar a opinião do amigo?

Você pretende expor seu currículo para o maior número possível de pessoas, a fim de testar o "seu valor" no mercado. "Onde" você o expõe?

Você obtém uma das maiores conquistas de sua vida e sente vontade de dividir o momento de celebração com os amigos, mas não tem contato direto com todos. Onde você divulga?

Se a resposta foi redes sociais para as questões do teste, você está entre a grande massa que segue a tendência comportamental do Século XXI; compartilhar informações por meio da gratuidade, em tempo real, com qualquer região do mundo.

Na questão 1, como contratante, você acessa a rede social da pessoa indicada como séria, empreendedora e ousada, a fim de verificar como ela se comporta neste ambiente. Então, se depara com diversas fotos, sempre em grandes grupos, com muita bebida e curtição. Por coincidência, acessou a rede do candidato numa segunda-feira e viu um *post* que dizia "odeio segunda-feira". Você vai ao menos convidar a pessoa para uma entrevista?

Na questão 2, precisamos entender a importância da congruência.

Prof. Massaru Ogata

Um currículo bem formatado e bem exposto em uma poderosa rede social tem excelentes chances de gerar resultado positivo. O problema está na hora da entrevista. É comum ver candidatos que enchem o currículo de informações. Para não perder tempo, a primeira atitude do entrevistador é "testar" a veracidade de tanta informação. Portanto, mergulhe no simples. Ninguém está preocupado com o detalhamento das experiências, mas com o aprendizado que elas geraram.

Fuja dos padrões, pois o mercado procura as exceções.

Um exemplo de exceção no currículo, que tem muito mais valor:

"Durante o tempo em que atendi ao público, aprendi muito, e até hoje valorizo a importância da comunicação".

Um exemplo de padrão no currículo:

"Experiência em atendimento ao público e bom relacionamento interpessoal".

Para finalizar, na questão 3, sem dúvida, é bom dividir os principais momentos e conquistas com os amigos. A pergunta para os próximos séculos é outra: vamos compartilhar toda a nossa vida?

A intimidade, prezados leitores, pode ser tão preciosa como a exposição. É como veneno e remédio; a dose os diferencia.

Não quero ser invasivo e dizer o que se pode ou não publicar nas redes sociais. A reflexão tem outro objetivo; propor que se reflita sobre as preciosidades da vida, expostas desnecessariamente. Vou listar os fatores de risco que a exposição descontrolada pode gerar.

Família

No caso dos homens, as fotos de suas crianças e esposas com pouca roupa na piscina de casa, na praia ou em qualquer lugar, podem parar nas mãos de pessoas inescrupulosas, como pedófilos e outros pervertidos.

As postagens das mulheres, envolvendo muitas fotos de si e do marido, com bebida alcoólica na mão, podem comprometer uma análise prévia de contratação ou o emprego dos sonhos.

Pais e mães que defendem a importância de seus filhos não se aproximarem de drogas, devem pensar na congruência, tanto na vida real, como nas redes sociais, pois a maioria das crianças também está inserida nas redes. Ale-

É Isso!

gar que o cigarro é uma droga perigosa para a vida, mas aparecer fotografado na festa da empresa, "dando inocentes tragos", não fará sentido para a criança.

Trabalho

Em contratações externas ou promoções internas, empresas avaliam as redes sociais. É rápido, barato e garantido; ali se encontra um retrato claro do perfil. Fotos que podem parecer *posts* "inocentes", não passam despercebidos ao olhar avaliador.

A imagem que critica o chefe sugere que quem postou não lida bem com as relações hierárquicas. O texto que valoriza a sexta-feira e se queixa da segunda-feira, insinua que quem compartilha não curte muito o bom labor. O vídeo que contém o discurso inflamado de alguém, afirmando que as grandes empresas são responsáveis pelos problemas do país, sugere que quem o compartilhou, não admira grandes corporações. Percebe como tudo parece muito sutil?

Apresentação pessoal x tecnologia

Agora que discutimos o comportamento nas redes sociais, quero deixar algumas dicas para quem vai participar de importantes reuniões ou entrevistas de trabalho, pois muitos, em diversas faixas etárias, perdem negócios por conta de detalhes mínimos, porém importantes para quem está do outro lado da mesa.

Reunião

O tempo do interlocutor merece respeito. Se você pretende levar computador e outros equipamentos para fazer uma apresentação mais rica, verifique, antes, a disponibilidade do lugar para conectar tudo. Evite, ao máximo, o uso de som, para não atrapalhar os colaboradores cujas mesas ficam próximas da sala de eventos, e tome cuidado com o ego tecnológico.

O capricho na apresentação pessoal e a leveza da oratória que conquista o coração e os ouvidos do interlocutor, são mais importantes que a marca do *notebook*. Ou seja, se não existir a necessidade de levar equipamentos, leve o que mais vende: você.

Caso precise de equipamentos, é imprescindível que verifique se pode chegar ao local com antecedência, para testar tudo. O início da reunião não pode incluir a ligação de equipamento, a conexão com a internet, os testes, erros e acertos. São etapas que geram um clima tenso.

E se nada funcionar, tenha poder de reserva, para que faça e apre-

Prof. Massaru Ogata

sente tudo que pretendia, mesmo sem som, imagem ou conexão. Jamais cometa o erro de depender dos recursos tecnológicos. O improviso se fará importante, cedo ou tarde.

Entrevista de emprego

Por muitos anos, desenvolvi programas de recursos humanos para uma multinacional. A tecnologia, presente na entrevista não ajuda; atrapalha.

Existe quem se preocupe em passar uma imagem "moderna". Levar o equipamento para mostrar aos entrevistadores fotos de viagens, demonstrar que é uma pessoa culta, que fez trabalhos altruístas em comprometimento social, faz os entrevistadores "cochilarem". Eles estão procurando inteligência emocional. Leve apenas você. Tome posse de todos os seus recursos, respire profundamente e dê o seu melhor. Uma dica final que vale para entrevistas e reuniões mais tensas:

Em geral, o entrevistado está sentado e como existe uma certa tensão, a tendência é assumir postura 75 graus, levemente inclinado para frente. Com isso, contrai o abdome e fica mais tenso. O ideal é sentar-se em postura reta, 90 graus, ou levemente inclinado para trás. Aliás, é por isso que nessas oportunidades, algumas pessoas relatam tanto nervosismo e dizem que o estômago "parece dar um nó". A mudança de postura gera conforto, a partir da produção de dopamina, e reduz a produção de cortisol, que estava a todo vapor, pela tensão natural do momento e por conta da incorreta postura corporal. Experimente. O cérebro entende o comando corporal que recebe. Se houvesse um diálogo entre corpo e mente, seria engraçado assim:

— Ei, cérebro, já mudei a postura. Pode me acalmar, por favor?

— Entendido, gerando dopamina, controlando adrenalina e cortisol. Agora, pode relaxar!

É muito provável que você se lembre destes argumentos na próxima reunião ou entrevista. Permita-se relaxar e lembre-se que do outro lado da mesa, está um semelhante tão "perfeitamente imperfeito" quanto você, apenas em posição diferente.

Não dependa exclusivamente da tecnologia, que se supera a todo instante, mas nunca será melhor que você.

É isso!

Capítulo 21

MÃE E PAI: OS MAIS IMPACTANTES RELACIONAMENTOS

Prof. Massaru Ogata

Faço questão de dedicar um dos capítulos para a nossa principal referência de vida. Eu já tinha 50 anos e minha mãe ainda apresentava "seu pimpolho", conforme as palavras dela, para as amigas, como se fosse natural.

— Meu filhinho vai chegar, eu vou levá-lo pra você conhecer! - dizia ela, como se eu ainda fosse criança.

Vamos, portanto, refletir sobre mães e filhos, não especificamente a minha mãe, mas todas elas, que merecem nossa homenagem, em variados períodos.

Infância

Logo na primeira idade, existe uma pessoa no planeta inteiro que não queremos decepcionar ou ver magoada, a mãe. Assim que aprendemos os primeiros passos, somos capazes de entender como satisfazê-la e quando pisamos na bola.

A mãe visita a amiga e leva a criança. A pequena fica ao redor, sem entender metade da "conversa de adulto", mas basta começarem a falar de filhos que ela "liga a antena" para ouvir melhor. Quando a mãe diz como a criança tem sido boazinha e amável, é como se o mundo entregasse um presente precioso. Por outro lado, se a criança escuta a mãe dizer para a amiga que ela tem dado muito trabalho, que anda "respondona" e que

É Isso!

constantemente, precisa repreendê-la, é como se o mundo desabasse.

Começam os dias de aula. Talvez você não se recorde, mas se teve essa chance, provavelmente preferiu que a mãe lhe acompanhasse. Quem sabe até fez birra, esperneou, disse que só iria com ela. Então, lá foi a mãe, cumprir sua missão. Pediu licença do trabalho, talvez tenha tomado bronca do chefe, já que poucos conseguem entender uma ausência por motivo tão "injustificável". Se a mãe era dona de casa, também largava os afazeres e até os demais filhos, para este momento tão único. Então, começava a cena que para muitos, é lembrada até hoje, pois já ouvi diversos relatos em meus treinamentos. A criança ia bem até a porta da escola. Quando lá chegava, e se deparava com a mulher, a professora, talvez de jaleco branco ou rosa, para saudá-la e tomá-la das mãos que a protegiam, a sessão berreiro se iniciava. Após uma luta difícil, a mãe, enternecida e preocupada, se despedia da criança, com a garantia da professora:

— Pode ir, mamãe. Vai ficar tudo bem!

Zelosas como por natureza, as mães habilmente pediam ao marido e aos demais familiares que não comentassem o escândalo da criança em seu primeiro dia de aula. Mas sempre tem, na família, aquele que não resiste e dispara a velha frase.

— Que coisa feia, chorou, fez escândalo pra ficar na escola!

Pronto, outra vez o mundo desaba. A criança, envergonhada, olha para a mãe. Embora encontre o seu olhar complacente, tudo indica que cometeu uma falta grave, ao temer o desconhecido.

Muitos anos se passarão e a criança vai esquecer quase tudo que aconteceu, exceto o momento em que o familiar riu dela diante da mãe, algo que sequer entendeu, mas vai ficar gravado por muito tempo. Apresente uma situação inusitada para os adultos, como uma entrevista de trabalho, a oportunidade de falar em público, ou o famoso jantar de apresentação para a família da pessoa amada. Rapidamente, o cérebro é capaz de vasculhar no baú das memórias, e resgatar um momento difícil como esse, da inocente infância.

Você que tem filhos pequenos ou familiares que tenham, tome o cuidado de não escarnecer sobre questões que parecem "pequenas". Lembre-se que o sistema de crenças da criança, promissoras ou limitantes, está em formação até o seu sétimo aniversário, de modo que o cérebro privilegiará, em idade adulta, o que foi ensinado, através dos erros ou da maestria educacional, neste período.

Pré-adolescência

Embora a fase fomente discussões, há quem defenda que adolescên-

Prof. Massaru Ogata

cia é uma e também quem aceite dividi-la em duas fases. Deixo claro que respeito ambos os posicionamentos.

A fase entre 8 e 12 anos é determinante para a orientação de assuntos polêmicos; como sexo, religião, drogas, aborto, política, história, filosofia e sociologia. O interesse ou desinteresse deles sobre esses e outros temas esbarra na incongruência. Se os educadores dizem, na escola, como são importantes, mas ninguém os cogita em casa, eles pensarão que é importante para o professor ou para a escola.

Não seria esta a razão pela qual os jovens dessa faixa etária se tornam adultos com pouco, ou nenhum interesse, de discutir tais temas dentro das paredes mais confortáveis do mundo, o seu lar?

Se perceberem que qualquer tema polêmico é tabu em casa, discuti-los com a "galerinha" vai ser mais legal (é aí que mora o perigo).

Agora, uma questão: já percebeu como eles têm facilidade de eliminar dúvidas sobre esses temas, seja filho ou filha, com as mães? E lhe ocorreu por quê?

Se o corpo e a mente estão a caminho de mudanças drásticas, e o desconhecido ronda a vida, o melhor porto seguro é a pessoa em quem confiamos por essência umbilical.

Um recado aos pais: não se enciumem pela preferência materna para certos assuntos. Os filhos não optam racionalmente. É o sistema límbico, responsável pelas emoções, que direciona a procurá-las. Afinal, a vida costuma mostrar que os pais são críticos em potencial e as mães, ouvintes neutras.

Adolescência

Chega então o momento tão esperado, o mais próximo que conseguimos alcançar, até ali, da maturidade. Como escutamos, há tempos, as expressões coisa de adulto, não pode ver isso, este livro não é pra você, não pode viajar, não pode passar a madrugada fora e tantas outras, a adolescência parece uma ponte entre os grilhões e a liberdade que se avizinha.

Se soubéssemos os altos níveis de responsabilidade que a maturidade exige, talvez não ficássemos tão ansiosos, mas o fato é que ficamos, e adiante, descobrimos que a liberdade tão desejada sempre existiu e nós não conseguíamos vislumbrá-la, cegos e ansiosos que estávamos.

Deixando as questões românticas ou existenciais sobre ser ou não ser em

É Isso!

tão intrigante idade, um ponto é praticamente comum: para os adolescentes, uma pessoa permanece como referência a quem devem dar orgulho, a mãe.

Nessa faixa etária, é comum destacar-se em diversas áreas e a versatilidade está em alta. Em cada área, sente-se que uma pessoa no planeta inteiro precisa nos aplaudir, a mãe.

A adolescente, prestes a ser aprovada no balé, vestibular, time de basquete ou equipe de natação do clube, o adolescente que se avizinha do sucesso como melhor nas olimpíadas de matemática, nas artes marciais, no alistamento militar ou no torneio de futebol. Meninos e meninas querem que uma pessoa se orgulhe de suas conquistas, a mãe.

Meu objetivo, ao chegar até aqui, é que você, mãe, se conscientize dessa necessidade natural deles, que cobre menos, quando não derem os resultados que você dava quando tinha a mesma idade.

Desejo também que você, pai, seja mais flexível diante das escolhas deles. Você pode ter amado futebol, mas o seu filho tem o direito de odiar, assim como a sua filha pode não gostar de música clássica, embora seja tradição familiar.

Apoiem, cobrem resultados, estabeleçam metas factíveis para eles e não para vocês, acompanhem a evolução, e jamais deixem de fazer uma análise:

Cada filho é o reflexo do seu passado, melhorado no presente, com extremo potencial de futuro. As escolhas que fizerem dependem de sua aprovação, mas a felicidade deles também...

Idade adulta

Agora, talvez a admiração maior e o medo de decepcionar tenha se transferido para a pessoa amada. Correto?

Não. Enquanto a mãe estiver viva, será referência maior de agrado ou desagrado, sucesso ou insucesso, orgulho ou decepção. Observe os artistas, quando são entrevistados. Sempre dizem que a mãe acreditou, os incentivou e jamais desistiu. Para o bem desejado e para o mal evitado, a mãe continua a ser referência. Já presenciamos inúmeros cantores levando as mães ao palco, ou sendo surpreendidos por elas em datas especiais, convidadas pela produção. Com o sucesso conquistado, quando artistas têm, diante deles, a figura que os colocou no mundo, tudo desaba. Não há técnica que ensine a segurar as emoções.

Em outro extremo, pois a vida e a sociedade não se compõem de

Prof. Massaru Ogata

flores e romantismo, observe as situações de risco que a polícia enfrenta. Quando acuam bandidos que têm em suas mãos reféns e podem, a qualquer instante, fazer o pior, os oficiais mandam buscar as mães e lá vão elas, com o "chinelo na mão", pedir que parem com aquilo, "onde já se viu, filho meu, fazendo uma coisa dessas". Procure na história policial e você constatará que não faltam exemplos de mães que conseguiram impedir crimes e delitos em andamento. Um filme passa diante dos olhos. A infância talvez difícil, uma surra aqui ou acolá, brigas, datas especiais, privações, comemorações, grandes feitos, tudo se mistura.

Imperfeitos por natureza, somos capazes de muita coisa, mas amarelamos diante dos olhos que nos colocaram no mundo.

Quero deixar um presente precioso.

Se você é filho(a), entenda o posicionamento de sua mãe. Tudo que você pensa saber, ela sabe muito mais. Se ela parecer retrógrada, inflexível, chata, difícil, insuportável e talvez mais uma dezena de predicados que o momento sugerir, lembre-se de algo; quem, quando, como, por que ou qual obstáculo possa aparecer em sua vida; se depender dela, o obstáculo não existirá mais.

Se você é mãe, aprenda a cortar o cordão umbilical, no ato do nascimento ou décadas depois, pois o universo presenteou a semente que você colocou no mundo com um potencial muito maior do que seu instinto protetor possa imaginar. Seus olhos e braços, mãe, são muito protetores, e podem impedi-los de voar tão alto quanto o universo determinou.

Pai, o homem que dispara milhões de lembranças

Como era a sua infância, hein? Seus olhos de criança se habituaram a ver no rosto do pai uma constante preocupação, talvez muita tristeza e solidão?

Quando você queria ou precisava chamar o seu pai, como era a sua voz de criança, hein? Você gostava de chamá-lo simplesmente por pai? Ou será que o seu coração de criança preferia de chamá-lo de papai, papaizinho? Será que tinha mais ênfase, como "paiê"?

Quando o pai estava próximo, você podia tocar nas mãos enormes dele, sentir sua proteção. Você certamente se lembra de algum momento que esteve em seu colo. Qual era o cheiro dele, hein?

Consegue sentir quanto seu pai lhe admirava? Qual era a sua opinião de criança a respeito de seu pai? Ele era o seu herói?

Ao longo de toda a vida, existiu alguma situação em que você gosta-

É Isso!

ria de pedir perdão ao seu pai? Em outro extremo, você gostaria de perdoar o seu pai por algo?

Não houve outro jeito. Você cresceu, se tornou adolescente, lutou pela vida e chegou até onde está. Imagine, se fosse possível, neste exato momento, sentir seu pai aí, para segurar as suas mãos. O que gostaria de falar para ele, hein?

Ao longo de sua vida, se houve um desentendimento com o seu pai, uma dificuldade de compreendê-lo, imagine como deve ter sido a infância dele, o tipo de educação que recebeu, as dificuldades pelas quais possa ter passado.

Você vai se perceber que, pensando dessa forma, é possível compreendê-lo. Experimente fechar os olhos por um breve instante e sinta a energia do perdão abrir espaço em seu coração, até se transformar em gratidão por tudo que o seu pai já fez por você.

Faça isso e retome a leitura em um minuto...

Percebeu a leveza de alma? Uma das mais poderosas energias é a do perdão paterno, tanto para libertar quem perdoa, como para doer em quem não consegue perdoar.

Inúmeras pessoas sofrem muito por encalacrar amargura no mais profundo recôndito da essência, e não sabem que ao agir assim, assumem o risco de contrair sérias patologias.

A incapacidade de perdoar nos faz colocar a sujeira sob o tapete, como se "tivéssemos esquecido". Entretanto, como um processo que tramita na justiça, a despeito da vontade dos envolvidos, dentro de nós, essa sujeira também impõe efeitos.

E por que armazenar mágoa? O direito de dizer "eu morro, mas não perdoo, é questão de orgulho" está assegurado a todos, por livre arbítrio. Contudo, um preço será cobrado. Estamos dispostos a pagar esse preço, por tamanha inflexibilidade?

— Mesmo que eu quisesse perdoar, ele não perdoaria! - dirão alguns. Nesse caso, ambos têm o desejo de perdoar, mas nenhum dá o primeiro passo. Até que, subitamente, a vida prega uma de suas peças, e algum familiar dessas pessoas fica doente. Tudo muda...

A enfermidade é um dos principais agentes do perdão. Não seria bom se o fizéssemos enquanto estamos bem, fortes e saudáveis?

Para os filhos, é mais fácil perdoar, por uma questão meramente biológica. Quanto mais velhos, menos dispostos a ceder. Quanto mais jovens, mais dispostos a perdoar. É a nossa natureza, e não podemos cul-

Prof. Massaru Ogata

par os pais por isso. Cabe lembrar que em alguns anos, talvez os filhos tenham a mesma dificuldade.

No meu caso, já adulto, quebrei o característico protocolo oriental que prevê, por cultura, comportamentos mais reservados nas demonstrações de afeto. Um dos maiores presentes que o universo proporcionou foi o meu pai e por ele, rompi esses padrões.

Há muito, eu vinha planejando dar um abraço forte nele, mas pensava em como fazê-lo. Certo dia, pensei: "é hoje que eu pego ele para um abraço".

Cheguei para a visita. Parei diante dele e provavelmente, minha fisionomia denunciou o que tinha em mente, pois ele arregalou os olhos (imagine um japonês fazendo isso) e travou o corpo, como barra de ferro. Fui andando em sua direção, passos firmes e olhos fixados nos dele. A cada passo, eu percebia como ele ficava atônito. Então, aconteceu. Com toda força que eu tinha, tomei-o em um abraço forte e longo. A primeira reação dele foi de susto, mas aos poucos, começou a retribuir o abraço que estava atrasado há décadas. Percebi que ali, selávamos o mútuo perdão por tudo que fizemos ou deixamos de fazer, em nossa relação de pai e filho. Ainda me recordo de suas palavras.

— Filho, voxê muito roco, né?

Meu pai não falava português muito bem, mas tenho certeza que você entendeu. Ele disse que eu "era muito louco".

Esta experiência me lembrou uma metáfora que aprecio muito, amplamente usada por diversos treinadores. Segundo consta, ela relata a própria experiência de vida do Dr. Spencer Johnson. Eu adaptei o conteúdo ao estilo da obra, e vou compartilhar.

O presente precioso

Sempre que brincava do lado de fora, o garoto presenciava um velho, do outro lado da rua. O ancião tinha um sorriso doce, daqueles que se estampam no semblante das pessoas felizes por essência. Como toda criança naturalmente curiosa, um dia, ele decidiu pegar sua bicicleta e atravessar a rua, para conversar com o velho.

Com a espontaneidade típica das crianças, olhou fixamente para o velho e iniciou a conversa.

— Ô velho, por que você é assim, tão feliz, hein?

O ancião ofereceu seu habitual sorriso e considerando inusitada a atitude do garoto, respondeu.

É Isso!

— Porque eu tenho um presente precioso.

O garoto não ficaria para trás.

— Ah, tá, eu também tenho um presente precioso; esta bicicleta, que acabei de ganhar. Está novinha.

O velho nada disse, apenas continuou com aquele sorriso fácil e cativante, enquanto observava o garoto atravessar a rua de volta.

O tempo foi passando. Dias se transformaram em semanas. Semanas se tornaram meses, até que o garoto, sagaz e sempre questionador, olhou para a bicicleta e pensou:

Poxa, esta bicicleta está velha. Ela não é mais um presente precioso, já não me faz mais tão feliz!

A questão parecia difícil. Ele lembrou-se do velho de sorriso cativante. Novamente, atravessou a rua e repetiu a pergunta que fizera, meses antes. Para sua surpresa, a resposta foi idêntica.

O garoto argumentou.

— O seu presente precioso deve ser um anel ou um tapete mágico, que te levam a qualquer lugar.

O velho argumentou com muito carinho.

— O presente precioso não é um anel, tampouco um tapete mágico. Mas, se você for dono de um presente precioso como o meu, ainda que não viaje para diversos lugares, certamente será uma pessoa feliz.

Muito mais confuso, o garoto tentou outra vez.

— Então, já sei. Talvez, você tenha um baú cheio de ouro.

Novamente, o velho disse que não. E o garoto despediu-se, frustrado e curioso.

Mais um vendaval do tempo soprou. O garoto tornou-se adulto, e não se sentia feliz ali, onde passara toda a infância.

Decidiu viajar pelo mundo. Durante anos, esteve em cada um dos continentes, focado na implacável busca, mas não encontrou o presente precioso.

De volta ao país de origem, com os primeiros cabelos grisalhos a surgir, o garoto, que já não era assim tão garoto, lembrou-se do velho sorridente.

Decidiu visitá-lo para narrar sua jornada, contar o que viu nas terras que explorou, e, quem sabe, descobrir qual era, afinal, o presente precioso que ele dizia ter, naquela época.

Ao bater na porta dele, descobriu, por outro morador, que o tempo do velho de sorriso cativante, nesta vida, tinha chegado ao fim.

Finalmente, descobriu que o presente precioso do velho era o presente. Lembrou-se de seu belo sorriso, que certamente estava em paz com o passado e pronto, em relação ao último destino.

Prof. Massaru Ogata

O presente do velho era simplesmente estar aqui e agora, onde eu estou e onde você está, no lugar em que o universo nos colocou. E como é típico do ser humano racionalizar tudo, ele tentou ainda ponderar:

Poxa, se eu soubesse disso, teria sido bem mais feliz nas viagens que fiz.

Ao fazê-lo, percebeu que mais uma vez, pensava no passado e ignorava o presente precioso.

Então, refletiu de outra forma.

Agora que sei disso, já posso imaginar como estará minha vida dentro de dez anos.

Dessa vez, percebeu que pensava no futuro, e moveu esforços para concentrar-se no presente, onde estava, acima de tudo, o seu presente precioso.

A partir dessa expansão de consciência, o homem se sentiu completo, realizou todos os feitos a que se propôs, carregou consigo o segredo e o legado do velho.

Assim, ele envelheceu com o mesmo sorriso cativante que o outro velho tinha, e também adquiriu o hábito de sentar-se diante da porta, com o sorriso dos prósperos.

Até que um dia, uma garotinha parou diante dele, e perguntou com a carinha mais inocente do mundo:

— Ô velho, por que você é tão feliz, hein?

Talvez, assim como o garoto, você já tenha percebido porque decidi dividir esta metáfora, justamente, no capítulo que honra os pais. Para concluir o livro, quero oferecer três acordos condicionais.

Se o seu presente precioso ainda está vivo, corra para abraçá-lo e tome as rédeas de sua relação.

Se existe algo a ser perdoado, permita-se e sinta a alma tornar-se leve como pluma, o coração transbordar de amor e, quem sabe, até aquela dorzinha de estômago ou a velha enxaqueca venham a desaparecer.

Se o seu presente precioso não está mais vivo, talvez tenha chegado o momento de perdoar-se ou perdoá-lo. A energia daquilo que foi dito, vivenciado e que talvez tenha afetado a relação de vocês, se esforça muito para fluir. Deixe-a sair, esvazie os armários de ressentimentos e faça neles uma faxina definitiva. No novo espaço que vai sobrar, ficará armazenada a saudade prazerosa dos bons momentos compartilhados.

Caso você se identifique com uma ou mais opções, o acordo condicional é o seguinte: cumpra-o, e posso garantir que um presente precioso vai abrir portas e janelas, onde antes, existiam apenas paredes.

É isso!

Prof. Massaru Ogata

CONSIDERAÇÕES FINAIS

Obrigado por chegar até aqui. Isso me felicita muito!

Sinto que entreguei parte do legado de pesquisas, estudos e treinamentos que me ajudaram a colaborar com a evolução do comportamento e desenvolvimento humano. Se fizer sentido, por gentileza envie um e-mail com a sua opinião sobre a obra. Para mim, será um presente precioso recebê-lo.

E por último, neste e-mail, peço que responda, para contribuir com a minha pesquisa:

Em sua opinião, os brasileiros não gostam de ler, como muitos afirmam, ou trata-se de uma crença nacional que podemos eliminar?

Eis o e-mail:

massaruogata@uol.com.br

Espero que seja muito feliz, que viva o seu presente precioso e possa praticar, em sua vida, as 21 revelações da obra!

Impressão e acabamento

Rotermund

Fone (51) 3589 5111
comercial@rotermund.com.br